Inhalt

Achtung!

„Was machen Sie im Umgang mit Konflikten besser als andere Unternehmen?" So fragte ich Führungskräfte und Mitarbeiter der Personalabteilungen von über 100 Unternehmen. „Leider nichts." – lautete die Antwort in vielen Fällen.

Ärger ist alltäglich und Ärger ist häufig. Ärgernisse im Beruf sind zum Beispiel unklare Anweisungen von oben, fehlende Ressourcen, mangelnde Anerkennung, eine Vision, die nichts mit der Praxis zu tun hat, überforderte Führungskräfte, unterforderte Mitarbeiter. Dies führt bei vielen Betroffenen zu einem ausgewachsenen Zorn.

Wut entfesselt Energien und ist ein Alarmsignal für Missstände in einer Organisation. Es stellen sich die Fragen:

▸ Wie können wir kompetent mit der Wut umgehen?

▸ Wie können wir sie in produktives Handeln umwandeln und so für alle Beteiligten einen positiven Effekt erzielen?

Unternehmen, die die Unzufriedenheit ihrer Mitarbeiter nicht wahrnehmen wollen, verlieren deren Engagement. Sie frustrieren damit besonders die besten Mitarbeiter – und leiten damit eine katastrophale Entwicklung ein. Die Führungskraft im Personalbereich eines mittelständischen Unternehmens schreibt mir zur ehrlichen Wut:

Hallo Herr Burger,
ich habe Ihre Internetseite nach dem Ausfüllen des Fragebogens angesehen. Ich hoffe, Sie erreichen mit Ihrer Botschaft möglichst große Kreise von Menschen, die andere anleiten

und führen wollen. Es wäre schön, wenn es in deutschen Unternehmen zu einem Umdenken kommen könnte und Ehrlichkeit in der Meinungsäußerung wieder geschätzt wird. Durch die Kontakte im Netzwerk der Personalentwickler in der Region ist mir klar: In anderen Unternehmen sieht es sehr ähnlich aus, wie in unserem. Dabei verpassen wir es aus meiner Sicht, hier den Schlüssel in das Schloss zum Erfolg zu stecken. Das führt dazu, dass wir den Schlüssel auch nicht umdrehen können. Vielleicht können Sie Vorstände und andere Menschen mit Entscheidungsbefugnis zum Neudenken animieren. Ich wünsche es Ihnen.

Ich wünsche es *Ihnen*, liebe Leserinnen und Leser! Denn davon profitieren Sie und Ihre Unternehmen!

Allen, die sich an der Umfrage beteiligt haben, möchte ich herzlich für ihre Mitarbeit und ihr Vertrauen danken. Außerdem vielen Dank an die Firma Novelis, die mich hier unterstützte.

Gerne höre ich von Ihnen, liebe Leserin und lieber Leser: Egal, ob Sie einfach eine Rückmeldung senden möchten oder ob Sie Coaching oder Training für sich oder Ihr Unternehmen benötigen. Viel Spaß beim Lesen und Gewinnen wichtiger Erkenntnisse!

Christoph Burger, Herrenberg im Dezember 2008
www.burger-training.de

Wut?

Worüber reden wir, wenn wir über „Wut" reden? Es gibt die Begriffe „Unmut" und „Unzufriedenheit", die eine schwache Empfindung ausdrücken. „Ärger" ist schon stärker, „Wut" und „Zorn" sind starke, energiegeladene, negative Gefühle. Art und Richtung aller genannten Empfindungen sind gleich. Die Verschiedenheit liegt in der Stärke. Doch im Grunde ist es die gleiche Emotion – im Englischen „anger".

„Gefühl" ist die reine Empfindung, die Sie haben. Zur vollständigen Emotion gehört mehr.

Die fünf Bestandteile der Emotion
Gefühl – körperliche Veränderung – kognitive Bewertung – Emotionsausdruck – Handlungsimpuls

Aus Gründen der Lesbarkeit dienen in diesem Ratgeber die Begriffe „Gefühl", „Empfindung" und „Emotion" zuweilen als Synonyme. Die Begriffe „Wut" und „Zorn" bezeichnen gleichermaßen die starke Ausprägung der Emotion.

Was ist eigentlich Wut?

In der Wut neigen wir zu aggressivem Verhalten. Aber wir haben im Laufe des Lebens gelernt, diesen Impuls zu unterdrücken. Wir können auch anders handeln und das ist gut so. Aggression gehört also keineswegs zum wütenden Menschen dazu, sondern ist bloß eine der möglichen Verhaltensweisen, die auf die Emotion folgen kann.

Aggression ist eine Handlungsweise und keine Emotion.

Das Gegenstück zur Wut ist die Gleichgültigkeit – das werden Sie im nächsten Abschnitt noch genauer verstehen. Wenn Ihnen etwas gleichgültig ist, tun Sie nichts. Wenn Sie wütend sind, drängt es Sie dagegen zur Aktion. Sie merken schon daran, dass die Unzufriedenheit/Wut zu einem aktiv handelnden, engagierten Menschen gehört.

Eine besondere Form der Wut heißt „Empörung". Hier sind wir nicht selbst betroffen. Es werden andere Personen benachteiligt oder jemand verletzt allgemeine Normen.

Empörung

„Empörung" ist eine Emotion, die durch die Verletzung von anderen oder von allgemeinen Normen ausgelöst wird.

In meinem Buch „Der Zornkönig" hatte ich 2007 die positive Nutzung von Ärger und Wut ausführlich und für ein allgemeines Publikum beschrieben. Für den vorliegenden Ratgeber wollte ich genauer wissen, wie die Wut in Unternehmen wirkt. Zum Einstieg habe ich hier für Sie einige Fragen zusammengestellt, wie ich sie bei Führungskräften und Mitarbeitern der Personalabteilungen von über 100 Unternehmen stellte. Nehmen Sie sich einige Minuten Zeit, diese Fragen schriftlich zu beantworten. So werden Sie dieses Buch mit mehr Gewinn lesen.

▸ Strebt Ihr Unternehmen an, dass neue Mitarbeiter sich reibungslos ins Team integrieren?

▸ Strebt Ihr Unternehmen bei der Zusammenstellung von Teams an, dass die Mitarbeiter menschlich harmonieren?

▸ Werden Querdenker in Ihrem Unternehmen geschätzt?

▸ Wie viel Prozent Ihrer Arbeitszeit verbringen Sie damit, zu klagen oder Klagen der Kollegen zuzuhören?

▸ Fehlen Ihnen bei der Arbeit klare Anweisungen von oben oder benötigte Mittel (Mitarbeiter, Räume, Befugnisse)?

▸ Können Sie an Ihrem Arbeitsplatz Ihre Stärken optimal einbringen?

▸ Finden Ihre Leistungen ausreichend Anerkennung im Unternehmen?

▸ Hört Ihr Chef offen und aufmerksam zu, wenn Sie Ihren Ärger äußern?

▸ Wozu sind Ärger und Wut bei der Arbeit Ihrer Meinung nach gut?

Sie können Ihre Antworten später mit den Ergebnissen der Umfrage vergleichen und die Inhalte des Textes mit persönlicherem Interesse wahrnehmen.

Auf den Punkt gebracht

▸ Unzufriedenheit, Ärger, Wut sind das Gleiche in unterschiedlich starker Ausprägung.

▸ Eine Emotion umfasst fünf Komponenten: Gefühl, Körperveränderung, Kognition, Ausdruck, Handlungsimpuls.

▸ Aggression ist ein Verhalten. Sie gehört nicht unmittelbar zur Unzufriedenheit/Wut.

Gehirnforschung klärt auf

Wut ist eine uralte und heftige Emotion, die in schillernden Variationen auftritt und die Akteure zuweilen in eine andere Welt versetzt.

Ein Kopfstoß vor Milliarden

9. Juli 2006: Zwei Milliarden Menschen sitzen gebannt vor den Fernsehgeräten, um das Endspiel der Fußball-Weltmeisterschaft – Italien gegen Frankreich – mitzuerleben. Zugleich ist dies das letzte Match des größten Spielers der Zeit, des genial begabten, legendären Zinedine Zidane. Ihn noch einmal spielen, ihn noch einmal zaubern zu sehen – ein ergreifender, historischer Moment. Verlängerung, noch eine Viertelstunde zu spielen. Dann passiert das Unfassbare: Zidane geht nach einem Zweikampf von seinem Gegenspieler weg, der Ball und das Geschehen sind längst woanders. Dann kehrt er um und rammt seinem Gegner den Kopf gegen die Brust, derart heftig, dass der rücklings zu Boden fällt. Rote Karte für Zidane – das unbegreifliche Karriereende des Fußballgotts.

Was ist nur diese Wut, hier in Gestalt des Jähzorns, die derartig unverfroren in unser geordnetes, zivilisiertes Leben einbricht? Ein ergreifender, rührender Abschied vom größten Fußballer der Welt – das war doch geplant! Stattdessen scheint es hier, dass uns die Steinzeit einholt und plötzlich in die Zivilisation einschlägt.

> **!** Aggressives Verhalten ist meist negativ.

Steinzeit und Zivilisation, Tier und Technik prallen auch aufeinander, wenn Naomi Campbell ihrer Haushälterin wutentbrannt ein Handy an den Kopf wirft. Wie kommt Naomi, die schöne, bewunderte Millionärin, dazu?

Oder der Boxer Mike Tyson: Auch er damals längst Millionär, ein Sieger der Gesellschaft also, biss im Kampf seinem Gegner ein Stück Ohr ab. Direkter kann sich das Animalische im Menschen kaum zeigen. Kein Wunder, dass viele Angst haben vor der Wut anderer – manche auch vor der eigenen. Ist also Wut einfach negativ? Ein schlimmer Überrest aus vergangenen Zeiten?

Nein, denn die Emotion zeigt sich auch ganz anders. Giovanni Trappatoni etwa, der frühere Fußballtrainer des FC Bayern München, der schicke Anzüge und tadelloses Benehmen am Rande des Fußballfelds einführte, geriet auf einer Pressekonferenz in Rage. Sein legendärer Ausraster, in dem er u. a. „Flasche leer" und „Struuunz" prägte, wurde geliebt. Trappatoni war ehrlich entrüstet. Und die Fachöffentlichkeit stimmte ihm inhaltlich zu: Wenn seine Spieler die Leistung verweigerten, war er als Trainer machtlos. Der Effekt trat ein. Nach der Pressekonferenz strengten sich seine Spieler doppelt an und siegten endlich wieder. Es gibt also auch positive Beispiele für aggressives Verhalten.

Unzweifelhaft rühmlich ist auch die folgende Form der Wut: Der Augenoptiker Günther Fielmann erregte sich darüber, dass seine Kollegen nur wenige, hässliche Kassengestelle anboten. Er kämpfte dagegen mit einer Angebotspalette, die schon bald eine reichhaltige Auswahl attraktiver Gestelle fürs Kassengeld umfasste. Und sein Unternehmen trat den Siegeszug in der Optikerbranche an.

Wut hat positive Folgen, wenn sie in produktives Verhalten umgesetzt wird.

Möchten Sie verstehen, wie ein und dieselbe Emotion so verschiedene Früchte hervorbringen kann? Betrachten wir zunächst, was nach aktuellen Ergebnissen der Forschung in unseren Gehirnen vor sich geht. Im nächsten Abschnitt wird uns dann die Systemtheorie helfen, auch die Gehirne anderer, die Funktionsweise von Teams und Unternehmen zu verstehen.

Wie Wut entsteht

Ich lade Sie nun zu zwei Gedankenexperimenten ein. Sie brauchen nichts weiter zu tun, als die beschriebenen Situationen gedanklich nachzuvollziehen. Sie werden dadurch erkennen, wie unser Gehirn funktioniert und welche Rolle die Emotionen, speziell die Wut, darin spielt.

Stellen Sie sich bitte vor, wir drehten einen Film über die ersten Minuten Ihres Tages. Am Abend zuvor sind Sie abgekämpft nach Hause gekommen. Sie haben nur noch schnell kontrolliert, ob Ihr Sohn, der abends zu Hause war, eine Nachricht für Sie entgegengenommen und an der dafür bestimmten Stelle hinterlegt hat, und sind dann sofort ins Bett. Wie beginnt also der nächste Tag?

Gedankenexperiment – Film eins

Zur üblichen Zeit weckt Sie der Wecker. Sie gehen in die Küche, stellen die Kaffeemaschine an und gehen ins Bad.

Etwa so. Nichts passiert. Langweiliger Film – keine Chance in Hollywood! Dabei sind schon Tausende Vergleiche in Ihrem Gehirn gezogen worden – Sie haben nur nichts davon mitbekommen.

Um dies zu zeigen, bringen wir im zweiten Gedankenexperiment etwas „Action" in unseren Film. Nehmen wir an: Ihr Sohn hat abends Wasser verschüttet. Außerdem hat er tatsächlich eine Nachricht für Sie entgegengenommen. Ein wichtiger Termin wurde um zwei Stunden vorverlegt.

Gedankenexperiment – Film zwei

Zur üblichen Zeit weckt Sie der Wecker. Sie gehen in die Küche und erschrecken, denn Sie treten in etwas Nasses. Zum Glück nur Wasser! Zwischen Kaffeemaschine und Telefon liegt der Zettel Ihres Sohnes: Termin vorverlegt! Sie werden wütend, da Sie dem Filius schon so oft gesagt haben, wo er Nachrichten hinlegen soll. Sie eilen schimpfend ins Bad und legen den Turbo ein, um noch rechtzeitig ins Büro zu kommen. Hätten Sie bloß die Chance gehabt, den Wecker umzustellen!

Der Vergleich zwischen beiden Situationen zeigt gut, wie unser Gehirn funktioniert. Schon im ersten Film hat Ihre Schaltzentrale eine riesige Zahl von Informationen verarbeitet, wie wir im Vergleich beider Filme sehen werden. Ergebnis in Situation eins war immer: Nichts Besonderes los. Die Routine kann weiterlaufen: Kaffeemaschine anwerfen und ins Bad gehen steht auf dem Programm.

Nun der Vergleich: Im Film zwei treten Sie in etwas Nasses und erschrecken. Dies kann nur so sein, weil Sie bereits im ersten Film Schritt für Schritt getestet haben, wie sich der

Boden anfühlt: Erster Schritt – trocken, zweiter Schritt – trocken, dritter Schritt – trocken.

In Film zwei sehen Sie den Zettel. Auch im ersten Film muss Ihr Blick über die Arbeitsplatte geschweift sein. Es gab nur nichts Besonderes zu sehen.

Unser Gehirn empfängt und bewertet in jeder Sekunde 100 Megabyte Information – das meiste unbewusst.

Das Empfangen, Auswerten, Vergleichen der Informationen, die ständig über die Sinne eintreffen, erfolgt in der Regel völlig unbewusst. Nur wenn es interessant, wichtig und schwierig wird, schaltet Ihr Unterbewusstsein den Verstand ein. Und wenn es ganz wichtig wird, kommen noch Gefühle hinzu – im Gedankenexperiment zwei zunächst Erschrecken, dann Wut.

Gefühle weisen uns also darauf hin, wenn einer der zahllosen Vergleiche, die wir ständig ziehen, aus dem Rahmen fällt. Ärger und Wut im Besonderen sind Emotionen, die auf Missstände hinweisen, die wir durch aktives Handeln beeinflussen können. Dazu wird sogleich die erforderliche Energie bereitgestellt.

Wut

Wut ist eine Emotion, die bedeutet: Hier ist etwas so, wie es nicht sein soll, und ich kann etwas tun, um das zu ändern. Wut ist die Alarmanlage des Gehirns für alle Situationen, die wir durch aktives Handeln beeinflussen können.

Der Zusammenhang der Wut mit einer entsprechenden Handlung ist wichtig, um die Besonderheit dieser Emotion zu verstehen. Gefühle wie Schreck, Angst und Furcht führen dazu, dass wir aufmerken, um eine Situation zu erkunden. Wir wissen hier noch nicht, ob wir die Lage handelnd in den Griff bekommen können. Empfinden wir dagegen Wut, haben wir bereits den Ansatzpunkt zum Handeln erkannt.

Da bewusste Emotionen nur auftreten, wenn etwas besonders wichtig ist, gilt auch:

> Wenn wir eine Emotion erleben, wird ein Großteil der Ressourcen des Gehirns auf den Auslöser der Emotion und die dazugehörige Handlung gerichtet.

Ärger und Wut beinhalten den Impuls – und die Energie – zum Handeln. Verharren wir dagegen in einer – mehr oder weniger zufriedenen – Gleichgültigkeit, bedeutet das: Der Vergleich, der gerade gezogen wird, ist nicht wichtig. Es ist sozusagen fast gleichgültig, was wir tun. Eine Routinehandlung genügt.

Jede Situation, die Sie in Rage bringt, ist das genaue Gegenteil der Gleichgültigkeit: Nach dem Durchlaufen von zahllosen Filtern, die Wichtiges von Unwichtigem trennen, geht es jetzt um eine Top-Priorität! Irgendetwas ist hier ganz und gar nicht in Ordnung! Sie sollten dringend handeln! Und die Art, wie Sie handeln, wird Ihr weiteres Leben bestimmen.

Gleichgültigkeit

Gleichgültigkeit ist das Gegenteil von Ärger und Wut.

Im nächsten Abschnitt gebe ich Ihnen die Gelegenheit, Ihr Verständnis um sehr wesentliche Aspekte aus der Systemtheorie zu erweitern. So wird auch deutlich, wie Ihr persönlicher Ärger einerseits und Team/Unternehmen andererseits zusammenhängen.

„Wer etwas ändern will, braucht ein Problem"

Mit diesen Worten bringt es der Autor Michael Mary auf den Punkt. In seinem Buch, das diesen Untertitel trägt, betrachtet er Veränderungen aus systemtheoretischer Sicht. Interessieren Sie sich für positive Veränderungen von Menschen und Organisationen? Dann sollten Sie den nun folgenden Überlegungen fünf Minuten Ihrer Zeit widmen.

Unser Alltag funktioniert, so können Sie sich vorstellen, ähnlich wie ein Kühlschrank: Wenn nichts Besonderes los ist, handeln wir wie üblich. Wenn Käse und Wurst die richtige Temperatur haben, bleibt alles, wie es ist. Verändert sich die Temperatur, springt die Kühlung an. Brummend macht sich der Kühlschrank daran, den Sollzustand wiederherzustellen. Es gilt also:

> Solange keine Störung vorliegt, machen wir weiter, was wir bisher gemacht haben. Es war ja zufriedenstellend.

So weit nachzuvollziehen? Gut, denn jetzt folgt eine kleine Zumutung: Aus systemtheoretischer Sicht nämlich geht die Parallele noch einen Schritt weiter. Unser Wissen über die Welt ist ähnlich beschränkt, wie der Horizont des Kühlgeräts. Der Schrank weiß nichts über die Welt. Er kennt lediglich die Ist- und Solltemperatur seines Innenraums.

Obwohl wir ungleich komplexere Wesen sind, verfügen auch wir über keine direkten Rückmeldungen aus unserer Umgebung. Wir reagieren nur darauf, dass unsere eigenen Empfindungen durch äußere Einflüsse gestört sind.

Beispielsweise teilt unser Körper uns über Schmerzen (also indirekt) mit, dass er überlastet ist. Unsere Psyche bestraft uns mit Erschöpfung (also indirekt), wenn ihr der Ausgleich fehlt. Und auch in unsere Partnerin können wir nicht direkt hineinsehen. Wir müssen ihr Fragen stellen und die Antworten deuten. Vielleicht druckst sie nur herum oder schweigt betont (äußert sich indirekt). Die einzige Art und Weise, wie die Wirklichkeit sich bei uns meldet, sind Störungen unseres Lebens.

> Die Wirklichkeit liefert uns Störungen und damit Chancen, sich ihr anzupassen. **!**

Diese Erkenntnis widerspricht unserem Erleben. Wir können uns auch ohne sie recht gut den Gegebenheiten anpassen. Da das Zusammenspiel von Wirklichkeit und gestörtem System aber für unsere Zwecke wichtig ist, folgen zwei weitere Beispiele.

System Psyche

Sie gehen mit Ihrem Kollegen zum Mittagessen. Plötzlich wird er einsilbig. Offensichtlich stimmt etwas nicht. Sie fragen behutsam nach und erfahren, dass ihn einer Ihrer Sätze gekränkt hat.

Die plötzliche Einsilbigkeit zeigt an, dass die Kommunikation gestört ist. Sie wissen nicht sofort warum. Aber Sie fragen nach und erfahren so, was der Stein des Anstoßes ist. Zu diesem Zeitpunkt ist er aber schon losgerollt.

System Markt

Ihr Unternehmen war lange erfolgreich mit dem Produkt x. Doch im letzten Jahr ging das Kundeninteresse zurück. Daher gehen Sie im Unternehmen daran, das Produkt zu verändern.

Sie haben keinen direkten Zugang zum Markt. Sie können nicht vorhersehen, wie der Markt sich verändern wird. Marktforschung kann im besten Fall den sinkenden Absatz ankündigen. Aber der Markt hat sich zu diesem Zeitpunkt bereits zu verändern begonnen.

Ob Kollege oder Markt: Erst verändern sich diese Systeme – also die Wirklichkeit. Sie bekommen das nicht direkt mit. Aber wenn es Sie betrifft, wird Ihr eigenes System dadurch gestört. Das gibt Ihnen auf diesem Weg die Chance, sich der veränderten Wirklichkeit anzupassen.

Damit gilt auch: Krisen geben uns erst die Chance, auf unsere Umwelt adäquat zu reagieren. Man kann – und sollte – Krisen nicht vermeiden. Sie sind unverzichtbare Voraussetzung für den Erhalt von Systemen.

Die Anpassungsfähigkeit verlieren wir, wenn wir die Störungen nicht bemerken. Systeme, die überleben wollen, müssen irritierbar sein durch Krisen. Allein die Irritierbarkeit eines Systems stellt sicher, dass sich das System rechtzeitig an veränderte Bedingungen anpasst und überlebt.

Damit zeigt sich: Gleichgültigkeit ist gefährlich. Ärger und Wut dagegen sind enorm wichtige Emotionen. Sie sind die Werkzeuge unseres Gehirns, mit denen es Irritationen ins Bewusstsein hebt. Nur dadurch sind wir in der Lage, uns rechtzeitig der Wirklichkeit anzupassen.

> Ärger und Wut sind die Werkzeuge unseres Gehirns, mit denen es Irritationen bewusst macht. **!**

Schon manche Unternehmen und manche Arbeitnehmer sind selbstzufrieden untergegangen. Unzufriedenheit im richtigen Moment hätte sie gerettet. Sie müssen Unmut, Ärger und Wut kultivieren, um das Leben zu sichern, das Sie leben wollen.

Auf den Punkt gebracht

▸ Wut hat positive Folgen, wenn sie in produktives Verhalten umgesetzt wird.

▸ Wenn wir eine Emotion erleben, bedeutet dies: Das Ereignis ist besonders wichtig!

▸ Da wir über keine direkten Informationen aus der Umwelt verfügen, gilt: Erst verändert sich die Welt. Dies stört uns. Diese Störung bemerken wir. Daraufhin verändern wir unser Verhalten.

> ▸ Durch Irritierbarkeit sichern Systeme ihr Bestehen.
> ▸ Ärger und Wut sind die Werkzeuge unseres Gehirns, um uns zu irritieren.

Wut im Wandel

Bill Gates flippt aus

Bill Gates ist stocksauer. Seine Augen treten hervor und seine überdimensionale Brille sitzt schief. Sein Gesicht ist gerötet und Speichel sprüht ihm aus dem Mund …

So beginnt die Schilderung einer der berühmten Wutanfälle des Mannes, der in der Wirtschaft am meisten erreicht hat. Sein Unternehmen Microsoft würde ihn heute nicht mehr einstellen. Microsoft sucht „teamfähige" Mitarbeiter.

Dazu passend empfehlen Ratgeber: „Sagen Sie nicht: ‚Ich bin stocksauer.' Sagen Sie: ‚Ich bin verstimmt.' Sagen Sie nicht: ‚Ich bin enttäuscht.' Sagen Sie: ‚Ich bin etwas verwundert.'"

Der Autor des Ratgebers mit diesen Empfehlungen gehört zu den absoluten Spitzentrainern – und es könnte fast jeder andere Vertreter der Branche geschrieben haben. Ärger und Wut sind nicht sexy, das ist wahr. Grotesk und lächerlich wirkt denn auch die Beschreibung des in Rage geratenen Bill Gates.

Andererseits: Hätte er die gleiche Wirkung erzielt, wenn er sich vor seine Leute gestellt und gesagt hätte: „Ich bin verstimmt"? Ohne Bill Gates' Wut gäbe es seine Energie nicht und ohne diese gäbe es die Erfolgsgeschichte Microsoft nicht. Wut ist Energie, und die brauchen wir – ganz egal wie sexy sie ist.

Wutnutzen unbekannt

Wenn Energie in Form der Wut auftritt, können wir häufig wenig damit anfangen. Das Ansehen der Emotion ist schlecht. Bereits in der Kindheit haben wir begonnen, unsere Gefühle zu kontrollieren. Wir haben gelernt, dass eine Empfindung nicht ausgedrückt werden muss und oft auch nicht gezeigt werden sollte. Zu Recht sind wir stolz auf die Fähigkeit, die eigenen Gefühle bei Bedarf zurückzuhalten. So meinten viele, die im Fragebogen angeben sollten, wozu Ärger und Wut gut sind: „Für nichts."

Aber: Fast alle Befragten zeigten sich schwer verärgert, wenn Arbeitsanweisungen unklar sind, wenn die Mittel fehlen, um die eigenen Aufgaben zu erfüllen, wenn Organisation und Kommunikation chaotisch sind. Dies ist ein reifer, erwachsener Ärger, der uns und unseren Organisationen weiterhilft. So fiel den meisten auch einiges ein, wozu Ärger und Wut gut sind. Genannt wurden unter anderem:

▸ „Ansporn für noch bessere Leistungen"

▸ „Indiz für Engagement"

▸ „Um auf Dringlichkeiten hinzuweisen"

▸ „Zum Wachrütteln bei eingeschliffenen Strukturen"

▸ „Setzen ungeahnte Energien frei"

▸ „Für neue Ideen"

▸ „Zur Selbstreflexion"

Fazit: Ja, wir sollten die Wut beherrschen können. Das ist zweifellos eine Errungenschaft der Zivilisation und gleichzeitig die persönliche Lebensleistung eines jeden, die kindliche Trotzphase überwunden zu haben. Dennoch ist offensichtlich niemandem damit gedient, wenn wir Unmut herunterschlucken und nichts tun.

Es gilt daher, einen zeitgemäßen Blickwinkel auf unsere Uremotion zu finden und ihr einen angemessenen Platz in unserer Zeit zuzuweisen. Der nächste Abschnitt greift ein viel beklagtes Grundübel der Moderne auf.

Sehnsucht nach Klarheit

Alles wird heute komplizierter, so scheint es. Dennoch wollen wir den Überblick behalten. Konkret: Wir möchten wissen, wie wir unsere Kunden zufriedenstellen. Wir suchen das Glück mit einem Lebenspartner und den Weg dorthin. Wir möchten so handeln, dass unsere Mitarbeiter motiviert und erfolgreich arbeiten. Wir leiden in einer komplexen Welt und suchen nach Orientierung.

Die schlechte Nachricht lautet: Es gibt keinen harmonischen Weg zur Klarheit. Wer Eindeutigkeit will, muss die Auseinandersetzung suchen. Als Jugendliche trugen wir unseren Zwist noch körperlich aus – was auch seine Vorteile hatte.

Prügelei auf dem Schulhof

Zwei Jungs geraten auf dem Schulhof in Streit. Sie greifen einander erst verbal an, dann schubsen sie einander. Schließlich krallen sie sich ineinander fest und wälzen sich über den Boden. Die anderen umringen sie, beobachten

*das Geschehen, schreien Anfeuerungsrufe, stehen gespannt und bereit einzugreifen.*

Das Beispiel schildert, was ein Wutanfall auslöst. Wir werden aufmerksam. Wir nehmen Anteil. Wir sind bereit, einzugreifen. Das Publikum teilt sich in Anhänger und Gegner. Am Ende gibt es Sieger und Verlierer. Die Sache wird klar.

Konstruktive Kritik, die häufig gelobt wird, kann dies kaum leisten. Zu schwach ist die Aufmerksamkeit, die sie erzielt. Zu sehr werden Widersprüche und Abgründe verdeckt. Verhaltensnormen schwächen die starken Gefühle ab. Die Unmittelbarkeit geht verloren.

> Jede wütende Auseinandersetzung sorgt für mehr Klarheit. Konstruktive Kritik reicht dazu oftmals nicht aus.

Vor allem: Aus Angst, den richtigen Ton nicht zu treffen, bleiben viele Mitarbeiter still. Deshalb haben wir oft gar nicht die Wahl zwischen konstruktiver Kritik und Aggression. Häufig heißt es eher: Kritik oder Schweigen. Und da ist die Kritik besser. Als Störung sichert sie unsere Anpassungsfähigkeit an die Wirklichkeit. Was also tun?

Vielleicht geht es bei Ihnen auf manchem Meeting ähnlich zu, wie oben beschrieben. Da geraten zwei eigentlich zivilisierte, korrekt gekleidete Herren aneinander. Das Bild der verbalen Prügelei passt. Auf den ersten Blick – das bemerken alle Zuschauer – haben sich hier zwei nicht im Griff: „Lächerlich, das Ganze. Wie die sich aufführen!" Die erste Reaktion auf einen Streit ist oft, sich darüber auszutauschen, wie wenig sich die Streitenden unter Kontrolle haben.

Doch dahinter können Sie noch eine tiefere Ebene entdecken. Fragen Sie sich: Warum geraten die Kontrahenten derart aneinander? Um welche Wahrheit geht es im Grunde? Welche Systeme prallen hier aufeinander? Was wird durch die Wut klarer?

Wenn sich ein Streichholz entzündet, sind das Schwefelgemisch und die Reibung schon da. Genauso ist es auch im Unternehmen: Der Konflikt ist so etwas wie die Spitze des Eisbergs. Wer mit wem zu welchem Zeitpunkt aneinandergerät, ist zwar ein schönes Thema für den Betriebsklatsch. Aber wichtig für die Organisation ist das, was unter der Oberfläche liegt: wo es zum Beispiel zwischen Vertrieb und Entwicklung hakt oder zwischen oberem und mittlerem Management.

> Konflikte sind wie die Spitze von Eisbergen: Sie zeigen an, dass und wo sich unter der Oberfläche größere Probleme verbergen.

Auch die Umfrage zeigt deutlich: Die rein menschlichen Ärgernisse sind in der klaren Minderzahl. Engagierte Mitarbeiter regen sich im Betrieb über betriebliche Dinge auf. Was liegt also unter der Oberfläche?

Jeder unzufriedene Kunde weist letztlich auf eine Produktschwäche hin. Jeder nörgelnde Mitarbeiter kann uns zeigen, wo wir unsere Führungsqualität verbessern können. Jeder Wutanfall führt dazu, dass sich Menschen wie Streithähne verhalten und am Ende alle die Dinge klarer sehen.

> Unzufriedene Kunden verbessern unser Angebot, nör-
> gelnde Mitarbeiter die Teamstruktur.

Es kommt darauf an, was Sie daraus machen: Ignorieren
Sie das oberflächlich lächerliche oder unprofessionelle Verhalten und gehen Sie den Dingen auf den Grund.

Auf den Punkt gebracht

‣ Die Wut zu beherrschen ist eine Errungenschaft der
  Zivilisation.
‣ Dennoch gilt: Jede wütende Auseinandersetzung
  sorgt für mehr Klarheit (in einer komplexen Welt).
‣ Konstruktive Kritik reicht häufig nicht aus, da sie die
  Emotion dämpft.
‣ Konflikte sind wie die Spitze von Eisbergen – sie zei-
  gen uns, wo Probleme liegen: unzufriedener Kunde =
  Spitze, Produktschwäche = Eisberg; nörgelnder Mitar-
  beiter = Spitze, Defizite in der Organisation = Eisberg.

Alles schlucken?

Wenn Wut zur Aggression führt, kann sie zerstörerisch
sein. Dennoch ist es meist besser, der Wut Ausdruck zu
verleihen als sie zu unterdrücken. Dies hat mit den Bedingungen des globalen Marktes, Ihrer Gesundheit und Ihrer
Handlungsfähigkeit zu tun.

Fade Typen bekommen Konkurrenz aus China

Wir arbeiten heute in einem globalen Markt. Unsere Arbeitsstellen hängen davon ab, wie produktiv wir hier sind – und wie austauschbar. Der Konkurrent um den eigenen Arbeitsplatz sitzt oft nicht mehr nebenan vor der Tür eines Arbeitsberaters. Er lebt in Moldawien, Taiwan, Malaysia.

Nur wenn das Know-how der einzelnen Arbeitskraft und der Firma insgesamt dem globalen Wettbewerb standhält, können wir gegenüber 1,3 Milliarden Chinesen bestehen. Die Zeiten, in denen man in Korea oder Indien keine Autos bauen konnte, sind vorbei.

Diese Herausforderung müssen wir als große Störung im systemtheoretischen Sinn begreifen und die unzähligen alltäglichen Störungen nutzen. Mitarbeiter regen sich auf und Kunden kommen in Rage. Jedes Mal weisen sie uns auf Optimierungspotenzial hin. Sie geben uns die Chance zu erkennen, wie wir im globalen Wettbewerb bestehen können.

Lassen Sie uns heute mit einem Change-Prozess beginnen, den wir selbst bestimmen können, bevor es zu einem unkontrollierten Change kommt, sprich: zur Abwicklung der meisten Betriebe hierzulande.

Wer zu viel schluckt, wird krank

Wenn wir unsere Gefühle nicht ausdrücken, bekommen wir soziale Probleme, können schlecht denken, werden krank. Das Unterdrücken des Gefühlsausdrucks führt – und das lässt sich nachmessen – dazu, dass es unter der Oberfläche umso heftiger brodelt. Das autonome Nervensystem reagiert stärker. Wir werden depressiv, pessimistisch, weniger selbstbewusst oder herzkrank. Gesundheitlich und sozial gesehen ist also das heute so beliebte Unterdrücken negativer Gefühle um der positiven Oberfläche willen katastrophal.

Alarmanlage defekt

Wenn wir uns einmal angewöhnt haben, unsere Gefühle zu unterdrücken, dimmen wir die Empfindlichkeit unseres Alarmsystems herunter – oft so weit, dass es gefährlich wird.

Zum einen verpassen wir dann die Chance, mit den Veränderungen der Wirklichkeit Schritt zu halten: Die Mitarbeiter bereiten einen Putsch vor, die Kunden gehen zur Konkurrenz oder die Partnerin fremd, während wir selbstzufrieden auf dem Sessel sitzen.

> Ohne Alarmanlage sind Sie handlungsunfähig. **!**

Zum anderen werden Sie erleben, dass mit den negativen auch die positiven Gefühle abnehmen. Um dies deutlich zu machen, arbeiten Coachs mit dem Bild des Pendels: Wenn das Pendel auf der einen Seite blockiert wird, kann es zur anderen Seite auch nicht mehr weit ausschlagen. Sie reduzieren dann nicht nur die negativen, sondern zugleich die positiven Gefühle.

Bill Gates und andere bekannte Wutbolzen der Wirtschaft haben große Stärken und auch große Schwächen. Will man die Stärken haben, muss man – ein Stück weit – die Schwächen hinnehmen.

> Zu großen Stärken gehören immer auch (meist große) Schwächen.

Fazit: Wir sollten die Wut kultivieren, und das im doppelten Sinn: Wir brauchen die Wut. Und wir brauchen einen zu unserer Kultur passenden Umgang damit. Akzeptieren Sie Ihr Gefühl und machen Sie das Richtige daraus: Change!

Auf den Punkt gebracht

▸ Auf einem globalen Markt sind wir immer mehr darauf angewiesen, unsere Ressourcen zu nutzen.

▸ Wut zu schlucken ist ungesund.

▸ Wut ist Ihre Alarmanlage, die Irritation über eine Welt, die Sie anders im Kopf abgebildet hatten.

▸ Ohne Alarmanlage sind Sie handlungsunfähig.

▸ Sie können Gefühle insgesamt reduzieren, aber nicht ausschließlich die negativen Gefühle.

▸ Zu großen Stärken – wie Entschlossenheit – gehören immer auch Schwächen – wie Unbeherrschtheit.

▸ Kultivieren Sie die Wut im doppelten Sinn: Nicht unterdrücken – nutzen.

Change!

Raus mit der Wut

Im Wutanfall kommt unser Herz-Kreislauf-System unge-heuer auf Touren. Und dann ist es auch wichtig, seinen Gefühlen Luft zu machen. Aber handeln Sie auch, denn sonst müssen Sie immer wieder wüten.

Eine Portion Ärger lässt sich mit einem Stück Sahnetorte vergleichen: Je mehr Sie davon schlucken, umso größer wird die Gefahr, Schaden zu nehmen. Gefährlich ist nur das, was wir häufig machen. Die erste Portion Ärger schlu-cken wir. Bei der zweiten schimpfen wir. Bei der dritten betrinken wir uns. Bei der vierten gehen wir Schuhe kaufen … Nun haben wir vier Portionen Ärger intus und unseren Organismus und unser Konto so heruntergewirtschaftet, als hätten wir eben vier Stücke Sahnetorte nacheinander verschlungen.

Stattdessen muss es so gehen: Schon die erste Portion Unzufriedenheit nehmen Sie ganz bewusst wahr – das ist wichtig, denn sonst versäumen Sie die notwendige Anpas-sung an die Wirklichkeit. Und dann handeln Sie. Ebenso nehmen Sie die nächste Portion Wut und handeln. Damit verändern Sie Ihre Umgebung und sich selbst aktiv und zu Ihrer Zufriedenheit.

Ernten Sie Respekt

Ulla wird energisch

Schon seit Wochen beklagt sich Ulla bei ihrer Kollegin Susanne, dass Peter Knorr ihr unter fadenscheinigen Begründen immer wieder Arbeit auf den Schreibtisch legt, die eigentlich seine wäre. Heute hat er es endgültig übertrieben. Äußerlich ruhig, wenn auch innerlich kochend, geht sie ins Nachbarbüro und redet mit ihm.

Am nächsten Tag sagt Peter zu Susanne: „Ulla war vielleicht sauer!" „Wieso, was hat sie gesagt?" „Dass ihr nicht gefällt, wenn ich ihr meine Arbeit gebe. Mann, war die sauer! Das ist ja unheimlich. Das will ich auch nicht, weißt du. Dann arbeite ich eben mal länger. So was will ich nicht!" Der Kollege scheint regelrecht verängstigt.

Schlechte Alternative

Offensichtlich hat Susanne Wirkung erzielt. Dabei hätte sie einiges anders und damit falsch machen können. Sie hätte den Ärger schlucken können, und Peter hätte ihr weiterhin seine Arbeit auf den Tisch gelegt. Sie hätte in die Harmoniefalle tappen und die Kritik mit Weichspüler lasch waschen können. Sie hätte ein Kompromissangebot unterbreiten oder verhandeln können, obwohl es nichts zu verhandeln gab. Sie hätte auch ausrasten können, was Peter Gelegenheit gegeben hätte, sie selbst als Aggressor und unfair abzustempeln.

So geht's richtig

Zeigen Sie Ihren Ärger und machen Sie den anderen Ihre Grenzen klar.

▸ Drücken Sie Ihren Ärger deutlich und unmissverständlich aus.

▸ Verhandeln Sie nicht, sondern bestehen Sie auf Ihrem Recht.

▸ Wiederholen Sie notfalls Ihre Botschaft.

Auch wenn Sie Unmut „riskieren": Sie erreichen damit vieles für sich – aber auch für andere. Im Einzelnen handelt es sich dabei um folgende Punkte:

▸ Sie signalisieren, dass Sie die Opferrolle zurückweisen.

▸ Sie informieren den anderen, wie weit er bei Ihnen gehen kann.

▸ Sie bestimmen die Spielregeln selbst mit.

▸ Sie zeigen sich als Partner, mit dem zu rechnen ist.

▸ Sie zeigen sich als Charakter, der eine eigene Meinung hat.

„Jasagen ist der Karrierekiller schlechthin", sagt die Expertin Hedwig Kellner und erntet dafür die Zustimmung ihrer Kollegen. Vielleicht kennen Sie den Witz vom Mitarbeiter, der aus dem Chefbüro kommt, den Arm voller Akten. Er sagt zu den Kollegen: „Ich habe ‚ja' gesagt, das andere Wort ist mir nicht eingefallen."

Im Folgenden nun wichtige Praxistipps fürs Neinsagen.

Richtige Vorbereitung

Wenn Sie schon länger etwas ansprechen wollten, wird es jetzt Zeit. Zeigen Sie den anderen, wo Ihre Grenze liegt. Stellen Sie unter Beweis, dass Sie eine feste, zuverlässige Größe sind und Charakter haben. Das lohnt den Ärger allemal. Zur Vorbereitung sollten Sie folgende Tipps beachten:

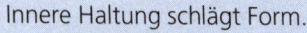

Innere Haltung schlägt Form.

Das Eingangsbeispiel zeigt: Die klare innere Einstellung und die damit verbundene Emotionalität verlieh den Worten Gewicht. In der Inhaltsangabe von Peter Knorr fand sich nichts Unsachliches. Was wirkte, war die innere Entschiedenheit der Kollegin, sich das nicht länger bieten zu lassen.

Wenn wir hauptsächlich nett sein wollen, wenn wir uns davor fürchten, andere zu verärgern, erreichen wir nichts. Oft höre ich die Klage: „Aber ich habe es doch schon so oft gesagt und es hat sich nichts geändert." Dieser Satz bedeutet in anderen Worten: Der da klagt, ist eben doch nicht deutlich genug geworden. Er hat nur geredet, wo er hätte handeln sollen. Seine Handlung war schwach, wo sie hätte stark sein sollen.

Gewinnen Sie eine klare innere Haltung, bevor Sie das Gespräch suchen. Machen Sie sich die Konsequenzen bewusst, die Sie bereit sind, auf sich zu nehmen, wenn Ihr Gegenüber Ihren Wunsch ignoriert. Beispielsweise hat der Satz „Ich bleibe hier sitzen, bis Sie das bearbeitet haben" schon in mancher Behörde Wunder gewirkt.

Führen Sie sich vor einer Konfrontation deutlich vor Augen, was Ihr Recht ist und wie Sie dies vorbringen werden.

Ihre innere Klarheit wird dafür sorgen, dass der andere spürt: Ihnen ist es ernst! Ihre entschiedene Energie wird über unbewusste Signale transportiert. Das Schöne ist: Sie kommt auf diese Weise automatisch an! Einen besonderen körpersprachlichen oder verbalen Ausdruck müssen Sie nicht trainieren. Wenn Ihnen vollkommen bewusst ist, wie Sie die Sache sehen, wird Ihr Körper die notwendigen Signale von selbst aussenden.

Entschlossenheit drückt sich automatisch per Körpersprache aus.

Bisweilen meldet sich in uns ein Stimmchen, das sagt: „Wer keine Lösung hat, darf auch nicht meckern!" Weisen Sie dieses Argument entschieden zurück! Sie sind keineswegs alleine für Lösungen zuständig! Sehr häufig adressieren wir eine Beschwerde ohnehin an ein Amt oder an die Geschäftsleitung. Die Lösung liegt hier noch nicht mal in unserer Hand. Geschweige denn, dass wir über die nötigen Informationen verfügen, um einen Missstand beheben zu können.

Wer Kritik äußert, muss keine Lösung mitliefern.

Mit der Konzentration auf Ihr Recht vermeiden Sie einen anderen klassischen Fehler. Manche Zeitgenossen, die bisher zu sehr von unserer Freundlichkeit profitiert haben, reagieren auf unsere neu erwachte Widerständigkeit gern mit Spott. Wer nun hysterisch wird, hat verloren. Ernste Wiederholung der Ansprüche, die man geltend macht, ist angesagt, und wenn Sie sich Ihre Rechte vorher ganz klar machen, hilft das enorm dabei, sich keinesfalls lächerlich machen zu lassen.

> **!** Wer sich gründlich vorbereitet, erzielt Wirkung und vermeidet, selbst hysterisch oder vom anderen verspottet zu werden.

Wichtig ist es auch, bei aller Entschiedenheit Respekt für den anderen zu bewahren. Es ist vollkommen verständlich, wenn Sie auf eine Grenzverletzung nicht nur aufgebracht, sondern auch aggressiv reagieren. Bemühen Sie sich trotzdem um Ruhe. Für Ihre Rechte treten Sie am besten ein, wenn Sie auf Gegenangriffe verzichten. Jeder Angriff setzt Sie selbst ins schlechte Licht. Damit würden Sie Ihrem berechtigten Anliegen nur schaden.

> **!** Ihre Rechte verteidigen Sie am besten, indem Sie auf Gegenangriffe verzichten.

Bedenken Sie bei der Vorbereitung auch, dass Sie im Vorfeld nicht immer wissen, ob Sie Recht haben. Vielleicht hat der andere eine Entschuldigung, die Sie akzeptieren würden, oder Ihnen waren bestimmte Fakten nicht bekannt.

Bewahren Sie sich für diesen Fall immer eine Rückzugsmöglichkeit: Wer im Brustton der Überzeugung und der
alleine gepachteten Wahrheit andere angreift und sich
dabei verrennt, raubt sich die eigene Überzeugungskraft.
Es ist, als würden Sie vorher alle Kollegen informieren, dass
Sie dem Chef im Meeting aber mal ordentlich die Meinung
geigen werden, und dann still bleiben. Wie einer, der erst
im ganzen Schwimmbad mit einem Sprung vom Zehner
prahlt und dann die Leiter rückwärts runterkrabbelt: pein-
lich. Wenn Sie dagegen von vornherein berücksichtigen,
dass Sie etwas übersehen haben könnten, wird der Rückzug keine Schmach, sondern er wird Vernunft und Lernfä-
higkeit signalisieren. Bauen Sie daher Ihre Argumentation
so auf, dass sie zunächst in den Fakten übereinstimmen.

> Besprechen Sie zunächst die Fakten, um einen Rück-
> zug – falls nötig – rechtzeitig antreten zu können.

Einige Tipps zur Form

Sie sollten in der Sache nicht zurückweichen: Wenn jemand
Ihre Grenze verletzt hat, lässt sich das nicht tolerieren. In
der Form dürfen Sie natürlich trotzdem charmant sein. „Mit
Verlaub, Herr Präsident, Sie sind ein Arschloch", sagte
Joschka Fischer einst im Parlament. Auf die Form kam es an.
Sonst wäre sein Einwurf einfach nur ordinär gewesen.

> Auch charmant verpackte Äußerungen können un-
> missverständlich sein.

Auf Anflüge von Mobbing sollte man sofort und entschieden reagieren. Zum geschickten Verhalten im Vorfeld gehört es allerdings, Abweichungen zu erklären.

Neinsagen mit Erklärung

Eva und Birgit kommen unterschiedlich gut in ihren neuen Arbeitsstellen zurecht. Eva verträgt keinen Kaffee und schließt sich immer aus, wenn die anderen Kaffee trinken. Das macht aber wenig aus, denn alle wissen, dass sie keinen Kaffee verträgt. Birgit hat eine Allergie gegen Weizen und isst deshalb keinen Kuchen mit den anderen. Da ihre Allergie nicht bekannt ist, beginnen die Kollegen, hinter ihrem Rücken zu tuscheln.

Wenn Sie eine Abweichung nicht erklären, öffnen Sie der Spekulation Tür und Tor. Oft findet sich hier die Keimzelle für einen Mobbing-Prozess. Erklären Sie deshalb die Grenze, die Sie ziehen wollen oder ziehen müssen, mit ein paar Worten. Das hilft Ihnen und Ihren Kollegen.

Versehen Sie Abweichungen von der Norm mit ein paar erklärenden Worten.

Der dritte Tipp: Lehnen Sie allzu brüsk ab, vermitteln Sie dem anderen, dass Sie stur und unsympathisch sind. Oft können Sie dies mit einem Gegenangebot vermeiden: „Tut mir leid, heute muss ich pünktlich weg. Aber ich kann Ihnen anbieten, mich direkt morgen früh darum zu kümmern."

Verbinden Sie eine Ablehnung mit einem Angebot.

Hier kommen wir nun auch zum nächsten Aspekt des Nein-sagens: Wie verhalten wir uns geschickt in Verhandlungen?

Verhandeln verlangt Stärke

Zur guten Verhandlungsführung gehört es, auf jedes Feil-schen zu verzichten. Wenn jemand den vollen Preis nicht zahlen will, reduzieren Sie die Leistung. Wenn Sie es anders handhaben, denkt Ihr Geschäftspartner, dass noch mehr Nachlass für ihn möglich ist. Er wird in Zukunft keinen Ihrer Preise akzeptieren, ohne zu versuchen, einen Rabatt her-auszuholen. Halten Sie sich an die Regel: Wer weniger zahlen will, bekommt weniger.

Will Ihr Kunde einen Preis nicht zahlen, reduzieren Sie die Leistung.

Auch die Gehaltsverhandlung profitiert von einer wehrhaf-ten Einstellung. Dies zeigt Gehaltscoach Martin Wehrle am Beispiel vieler Frauen. Sie denken – ein sympathischer Zug – „erst muss ich viel leisten und dadurch Argumente sam-meln". Also warten sie mit ihrer Vorsprache beim Chef. Wenn sie dann endlich dort sind und über ihre Taten be-richten, fragt sich der Chef: Woher weiß ich denn, dass sie keine Angeberin ist? Außerdem hat er zu diesem Zeitpunkt sein Budget schon verbraucht für die Männer, die früher da waren. Zunächst hatte er sie abgewiesen, aber irgendwann doch erhört.

Oder Sie treten eine neue Stelle an. Was man Ihnen bietet, stellt Sie sehr zufrieden. Äußern Sie dies aber nicht im Büro. Sagen Sie besser: „Damit kann ich erst mal zurechtkommen." Dann wird die Chefin nicht verwundert sein, wenn Sie nach der Probezeit vor der Tür stehen und eine Gehaltserhöhung aktiv ansprechen. Sie ist schon darauf vorbereitet.

> Deuten Sie als Angestellter immer an, dass ihr Gehalt angesichts Ihrer Leistung knapp bemessen ist.

Damit ist natürlich nicht gesagt, dass sich Ihr Gehaltswunsch realisieren lässt. Aber die Chancen sind deutlich höher, wenn Sie die Entscheider schon mal sanft auf Ihre Forderungen einstimmen. Kinder haben dieses Handwerkszeug im Umgang mit ihren Erziehern spielend drauf: Sie wissen ganz genau, dass die Erwachsenen nicht beim ersten Äußern ihres Wunsches positiv reagieren. Also legen sie munter nach, bis sie ihr Ziel erreicht haben.

Unverzichtbare Leistungen

Manchmal zweifeln wir daran, dass unsere Leistung wirklich so großartig ist oder unser Angebot wirklich so sensationell. Eine gängige Methode, damit umzugehen, ist das positive Denken, wie es in manchen Verkaufs- oder Motivationsseminaren zu finden ist. „Du musst an dich glauben! Tschaka!" Nun ist überhaupt nichts dagegen zu sagen, dass Sie Ihr Angebot voller Überzeugung vertreten. Es ist ganz sicher so, dass Sie erfüllt vom Glauben an sich selbst, an Ihr Team und Ihr Unternehmen mehr erreichen als ohne diese Energie.

> Wer von sich und der eigenen Fähigkeit überzeugt ist, erreicht mehr.

Dennoch scheiden sich hier die Geister. Der übliche, seit Jahrzehnten etablierte Weg ist das Setzen auf Motivation und Begeisterung. Der Gegentrend ist die Trumpf-Karte „Ärger". Sozusagen eine Geheimwaffe, da sie noch (kaum) jemand kennt. Dieser Weg beginnt bei der Erkenntnis: Ärger weist auf faktische Missstände hin. Wer sich nicht an der Oberfläche aufhält, sondern dahinter blickt, kann die Fakten zum eigenen Vorteil verändern.

> Missverstehen Sie die Betonung des Ärgers nicht als negatives Denken – das wird sich rächen.

Münzen Sie den Ärger über Ihr Gehalt in die Verbesserung Ihrer Verhandlungsposition um – zum Beispiel indem Sie eine alternative Arbeitsstelle finden. Oder Sie verändern die eigene Positionierung: Ein richtig positioniertes Angebot zieht immer automatisch Fans an. Wie Sie das erreichen? Beginnen Sie damit, dass Sie „Nein" zum Informationsmüll sagen, der täglich auf Sie einstürzt. Auch das Geschrei vieler Aufgaben „Ich bin wichtig!" ist in den meisten Fällen gelogen. Meist sind die Aufgaben dringend, aber nicht wichtig. So verschaffen Sie sich Freiraum für Fragen der Positionierung.

> Verschaffen Sie sich mit Neinsagen Raum für wichtige Aufgaben.

Sie wünschen sich ein Produkt, das in seiner Art einmalig ist und das es nirgendwo sonst gibt – nur bei Ihnen? Dann machen Sie sich als Erstes klar: „Everybodys Darling is everybodys Depp." Wer alle überzeugen will, kann nicht hervorstechen. Anders gesagt:

> Positionierung fängt beim Neinsagen an.

Wie viel sinnlose Ansprüche werden täglich an uns gestellt! Wir sollen informiert sein über das gesamte Weltgeschehen, wir sollen unsere Zeit richtig managen, die günstigsten Tarife nutzen, die schlausten Anlagen besitzen, das beste Auto fahren, korrekte Kleidung tragen und uns rhetorisch geschliffen äußern. Glauben Sie mir: Das ist nicht zu schaffen! Ziehen Sie an der einen oder anderen Stelle die Grenze und sagen Sie „Nein". Ist Ihnen das gelungen, konzentrieren Sie sich auf das, was Ihnen wirklich wichtig ist!

Übrigens: Wenn Ihre Umgebung anfängt, Ihre Konzentration auf das Wesentliche offen zu kritisieren, aber heimlich zu bewundern, sind Sie auf dem richtigen Weg. Wie Sie eine zündende Idee finden? Lassen Sie den Kreativ-Knoten platzen! Mehr dazu ab Seite 54.

Aktion schlägt Form

Verstehen Sie bitte die oben genannten Tipps nicht als absolute Pflicht und als Latte, die Ihnen zu hoch hängt, um überhaupt aktiv zu werden.

Wenn Sie handeln, sind Sie einen entscheidenden Schritt weiter. Angenommen, Sie wollen mit Ihrem Chef mal Tacheles reden, weil er Sie mit Aufgaben überlastet. Sie schneiden das Thema an, aber schaffen es noch nicht, dies entschieden genug zu tun. Schlimm? Keineswegs. Denn Sie haben sich an das Problem herangewagt, und im nächsten Versuch wird es schon besser klappen.

Angenommen, Sie haben wochenlang geschluckt, dass eine Kollegin schlecht über Sie redet. Sie sprechen es nun an, nein, Sie schreien es heraus. Das heißt, Sie werden aktiv, aber schießen übers Ziel hinaus. Auch dies ist nicht tragisch. Sie haben den Anfang geschafft und Ihre Gefühle ausgedrückt. Abgewogen kommunizieren können Sie später immer noch. Nach einem gehörigen Paukenschlag, wenn alle wach sind, werden auch leise Töne vernommen.

Auf den Punkt gebracht

Konfrontationen richtig vorbereiten:

▸ Machen Sie sich vor einer Auseinandersetzung klar, was Ihr Recht ist und dass Sie dieses Recht durchsetzen werden. Denken Sie daran: Die innere Haltung ist entscheidend.

▸ Wer Kritik äußert, muss keine Lösung mitliefern.

▸ Verpacken Sie Ihr Anliegen charmant, aber weichen Sie inhaltlich nicht zurück.

- ▸ Für den Fall, dass gänzlich neue Aspekte auftauchen, halten Sie sich eine Rückzugsmöglichkeit offen.
- ▸ Wenn Sie von sich wissen, dass Sie leicht zu weit gehen: Warten Sie mit der Auseinandersetzung, bis Ihnen Ihre eigenen Anteile klar sind (siehe Seite 65).

Konfrontationen richtig durchführen:

- ▸ Ihre Rechte verteidigen Sie am besten, indem Sie auf Gegenangriffe verzichten.
- ▸ Verhandeln Sie nicht, sondern bestehen Sie auf Ihrem Recht.
- ▸ Akzeptieren Sie es nicht, wenn der andere Ihnen die Lösung abverlangt.
- ▸ Wiederholen Sie den Ausdruck Ihrer Gefühle und Ansprüche, bis der andere einlenkt. Dann können Sie sich auch gemeinsam auf Lösungssuche begeben.

Sprengen Sie Widerstände

Wie der Boss sich einmal an den richtigen wendete

Stöhnend verlassen die Abteilungsleiter das Meeting. Herr Katz schimpft los, sobald die Tür hinter ihnen zu fällt. Herr Blum sieht die Sache locker: „Wird schon nicht so krass werden. Der Alte beruhigt sich wieder. Immer locker bleiben, auch das geht vorbei." Herr Feil ätzt: „Er hat ja recht. Wir müssen etwas tun. Aber so geht das doch nicht!" Da Herr Katz bei den beiden anderen keine offenen Ohren für seine Klagen findet, schaut er sich missgelaunt nach jemandem um, der mit ihm gemeinsam schimpfen möchte.

Plötzlich geht die Tür hinter ihnen auf, Big Boss kommt heraus und sieht sie direkt an. Herr Blum ist freundlich, Herr Katz schaut missgelaunt und Herr Feil blickt ihn wütend und fast fordernd an. „Herr Feil, was meinen Sie zu der Umstellung?", wendet sich der Boss an ihn.

Schlechte Alternative

Die meisten Chefs hätten es anders gemacht. Sie hätten sich das gut gelaunte Gegenüber ausgesucht. Oder sie hätten die anderen aufgefordert, ebenfalls gute Laune zu zeigen und die Aufgaben optimistisch anzugehen.

Verständlich, denn wir wissen: Der Alltag ist hart genug. Mit guter Laune ertragen wir ihn leichter. Wir denken: „Ich liefere großen Einsatz und beste Ergebnisse. Wieso sollte ich mich annörgeln lassen?"

An schlechten Tagen kann es sogar sein, dass wir uns angesichts mancher Mitarbeiter auf sarkastische Art Luft machen: „Jetzt müssen Sie halt mal hart arbeiten. Ich mache das jeden Tag. Da brauchen Sie nicht gleich so missvergnügt dreinzublicken …" Im Zweifel ist uns ein Herr Katz lieber als ein fordernder Herr Feil. Herr Katz mault zwar, aber er gibt auch wieder Ruhe.

Nehmen Sie die Herausforderung an

Herr Feil stellt sicher die unangenehmste Variante eines Diskussionspartners dar. Er ist nicht nur schlecht gelaunt, er will sich auch noch kritisch mit dem Thema auseinandersetzen. Wenn wir uns darauf einlassen, wird es mit ein paar flockigen Bemerkungen nicht getan sein. Wir müssen erst ernsthaft diskutieren und dann Dinge verändern, die doch eigentlich schon beschlossen waren.

Dennoch gilt, man möchte stöhnen „leider": Wenn wir weiterkommen wollen, müssen wir uns mit dem anspruchsvollen Kollegen auseinandersetzen. „Wer nicht mehr schimpft, hat die Hoffnung auf Besserung aufgegeben", hieß es richtig in einer Antwort auf meine Umfrage.

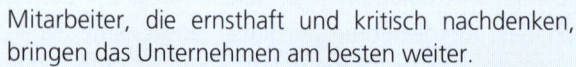

> Mitarbeiter, die ernsthaft und kritisch nachdenken, bringen das Unternehmen am besten weiter.

Die Herr Blums sind häufig deswegen gut gelaunt, weil sie Probleme vermeiden. Elegant die Klippen zu umschiffen, ist ihr Ideal. Warum auch nicht? Arbeit und Freizeit bieten genug erfreuliche Seiten. Da gibt es das Gehalt, das einen annehmlichen Lebensstandard ermöglicht. Der Job verleiht Einflussmöglichkeiten, die man gerne nutzt, und einen Status, der sich im Leben positiv niederschlägt. Es gibt Kolleginnen, die gern flirten, und Kollegen, die gern plaudern.

Natürlich drückt eine positive Stimmung manchmal auch aus, dass man sich trotz oder gerade wegen des eigenen Engagements wohlfühlt, aber eben häufig auch nicht. Das bedeutet, dass die gute Laune der anderen nicht das Hauptkriterium dafür sein sollte, wen wir uns im Unternehmen als Diskussionspartner auswählen.

> Gute Laune und Optimismus kommen häufig daher, dass Mitarbeiter größere Anforderungen vermeiden, und taugen nicht als Kriterium dafür, wer die Organisation am besten weiterbringt.

Herr Katz wiederum zeigt immer seine Krallen, das ist man schon gewohnt. Er fährt sie auch bald wieder ein und macht grummelnd seinen Job. Zu gegebener Zeit zeigt er, dass er sich im Grunde loyal verhält oder solide Leistung bringt. Loyalität ist eine wichtige Forderung, die man an jeden Mitarbeiter stellen muss. Gleichzeitig ist sie keine Garantie dafür, dass ein Mitarbeiter engagiert arbeitet. Sie kann auch bedeuten: Ich bin loyal, denn ich will meinen Job behalten. Bezeichnenderweise gehört zu den wichtigsten Merkmalen der innerlich Gekündigten, dass sie die Auseinandersetzung vermeiden und zu Jasagern werden. Sehr häufig wird dieses sich einschleichende konfliktfreiere Verhalten als Zuwachs an Loyalität missverstanden.

> Loyalität ist kein Kriterium der Motivation und des Engagements.

Fazit: Herr Feil ist einerseits die größte Zumutung für seinen Chef und kann das Unternehmen andererseits am besten weiterbringen. Wenn wir kluge Chefs sind, nehmen wir die Herausforderung an und setzen uns mit dem am meisten fordernden Kollegen auseinander. Wählen Sie das Ärgernis:

▸ Suchen Sie sich im Unternehmen diejenigen als Diskussionspartner aus, die ernsthaft an Verbesserungen interessiert sind.

▸ Widerstehen Sie der Versuchung, Ihre Diskussionspartner danach zu wählen, wer Ihre Meinung teilt.

▸ Verstehen Sie einen Zuwachs an Zustimmung nicht automatisch als positiv.

Wie Ärger und Motivation zusammenhängen

Zunächst müssen wir einen Unterschied zwischen Ist und Soll bemerken – oder uns für den Unterschied interessieren, den wir bemerken. Wer einfach kein Talent hat, bleibt blind für die Feinheiten. Wer innerlich gekündigt hat oder seine Privatinteressen über die des Unternehmens stellt, interessiert sich nicht dafür.

Eine Differenz zwischen Ist und Soll zu erkennen ist die Grundvoraussetzung dafür, um überhaupt wütend zu werden. Wer mit seichten Ergebnissen zufrieden ist – oder den Abstand zum Optimum nicht bemerkt –, kann nicht wütend werden.

> **!** Wer mit schwachen Ergebnissen zufrieden ist, kann nicht wütend werden.

Wer aber wütend ist, braucht Ziele, sonst verpufft die Energie. Motivierte Arbeit aus der Unzufriedenheit heraus braucht damit dreierlei:

▸ Erstens den Auslöser der Wut,

▸ zweitens passende Ziele und

▸ drittens den Weg dorthin.

So geht's richtig

Zusammengenommen ergeben diese Erkenntnisse einen klaren, idealtypischen Weg von der Wut zur Aktion.

▸ Muten Sie sich die unangenehme Empfindung des Ärgers oder der Wut zu.

▸ Erforschen Sie die Auslöser Ihrer Wut.

▸ Bestimmen Sie, welche Ziele Sie erreichen müssen, damit Sie bei der nächsten Gelegenheit nicht mehr wütend zu sein brauchen.

▸ Planen Sie den Weg zu den Zielen.

▸ Handeln Sie entsprechend.

Was passieren kann, wenn dieser idealtypische Ablauf in die Realität umgesetzt wird, zeigt das folgende Beispiel.

Wie die Wut Milliarden macht

Götz Werner ist der Gründer und Aufsichtsratsvorsitzender der dm-Drogeriemärkte. Der Anfang seines Unternehmens ist Wut pur: Götz Werner war nämlich schwer verärgert darüber, dass sein damaliger Chef seine Ideen nicht gut fand. Werner hatte vorgeschlagen, die persönliche Bedienung im Drogeriehandel aufzugeben und auf Selbstbedienung zu setzen. Als er bei seinem Chef damit auf taube Ohren stieß, kündigte er und machte den ersten dm-Drogeriemarkt auf. Schon fünf Jahre später wurde die hundertste Filiale eröffnet! Heute liegt der Umsatz des Unternehmens bei über vier Milliarden Euro.

Über den ehemaligen Chef von Götz Werner wird heute wenig gesprochen. Es könnte sein, dass der sich ziemlich geärgert hat über den grandiosen Erfolg seines Ex-Mitarbeiters. Allerdings zu spät. Götz Werner hat indessen den Ärger seiner Mitarbeiter fest ins Unternehmenskapital integriert. Er schuf eine Unternehmenskultur, bei der jede/r mitreden und mitentscheiden darf.

Im Folgenden nun weitere Praxistipps.

Niederlagen akzeptieren

In vielen Unternehmen – und in vieler Privatleben – hat es sich etabliert, Niederlagen um jeden Preis schönzureden. Wir neigen zu Aussagen wie „Ist halb so schlimm" oder „Lass den Kopf nicht hängen". In vielen Fällen sind solche gut gemeinten Aufmunterungen allerdings unangebracht und zerstreuen die Energie sinnlos, statt sie auf einen Punkt zu konzentrieren und zu nutzen.

Außerdem gibt es sogenannte „defensive Pessimisten". Sie sind notorische Bedenkenträger. Die Forschung hat gezeigt, dass sie ihre Klagen und ihr Nörgeln brauchen, um sich auf alle Eventualitäten vorzubereiten und so gute Leistung zu bringen. Nimmt man ihnen diese Nölphase, können sie ihr Potenzial nicht abrufen.

Trostworte, die pessimistische Aussagen eindämmen sollen, haben folgende negative Auswirkungen:

▸ Sie verstärken das Klagen an sich, denn sie belohnen es durch verständnisvolle Worte und Anteilnahme.

▸ Sie verstellen den Blick auf eine unbefriedigende Situation.

▸ Sie nehmen die Energie aus dem Prozess, die dafür notwendig wäre, die Situation zu ändern.

▸ Sie werden Menschen nicht gerecht, zu deren Lösungsweg die Äußerung von Bedenken gehört.

Führen Sie Fehlerfreundlichkeit ein

Es gibt Technologie, bei der man keine Fehler möchte. Wir würden uns keinen Herzschrittmacher aus Taiwan anschaffen, selbst wenn der nur die Hälfte kostet. Nicht im Ergebnis, aber auf dem Weg zu einem Präzisionsapparat dürfen allerdings Fehler gemacht werden und in der täglichen Kommunikation ebenso. Was dabei herauskommen kann, wenn Fehler nicht akzeptiert werden, zeigt das folgende Beispiel.

Fehlertoleranz im Krankenhaus

Bei einer Untersuchung über Führungsverhalten im Krankenhaus überraschten die Ergebnisse: In Abteilungen mit rigorosen Chefs wurden zehnmal weniger Fehler gemacht als in denen mit toleranten Chefs. Sind schlechte Führungskräfte also doch die besseren? Das zweite Hinsehen veränderte das Bild: Bei den rigorosen Chefs hatten die Mitarbeiter Angst, Fehler zuzugeben. Fatal: Das kann im Krankenhaus tödlich enden.

In einer internationalen Rangliste unter 61 Nationen belegte Deutschland in puncto Fehlertoleranz den Rang 60 (die deutschsprachige Schweiz liegt ähnlich). Es gibt hier also deutlichen Nachholbedarf. Jeder berichtete Fehler kann dazu führen, entscheidende Merkmale eines Apparats oder Ablaufs zu verbessern. Das weiß man beispielsweise in den USA, wo Menschen, die bereits ein Unternehmen an die Wand gefahren haben, eine neue Chance bekommen.

Hierzulande wird das Scheitern negativ gesehen. Oder ist das in Ihrem Einflussbereich anders? Wie fehlerfreundlich sind Sie? Vergleichen Sie Ihre Erfahrungen mit den folgenden Geschichten, die in dem Buch „StoryPower" von Vera F. Birkenbihl zu finden sind.

Fast tödlich

Bob Hoover, ein berühmter Testpilot und Flugakrobat, war auf dem Rückflug nach einem Flugtag, als in 1000 Meter Höhe plötzlich beide Propellermotoren ausfielen. Er und die zwei Passagiere überlebten knapp, die teure Maschine war kaputt. Ursache: Der falsche Treibstoff. Hoover verlangte den verzweifelten Mechaniker zu sehen, der dafür verantwortlich war, und sagte zu ihm: „Damit Sie sehen, dass ich weiß, es wird Ihnen nie wieder passieren, möchte ich Sie bitten, morgen meine F-51 aufzutanken."

Der Einfall ist einleuchtend: Wer einen solchen Fehler begangen hat und sich dessen voll bewusst ist, wird ihn nie mehr machen. Dennoch ist dieser Gedanke wohl einer, an den wir uns in der Praxis erst gewöhnen müssen. Nun die zweite Geschichte:

Der Eine-Million-Dollar-Fehler

Der Stahl-Magnat Andrew Carnegie zitierte in den 1930er-Jahren einen neuen Manager zu sich, der (noch in der Probezeit) eine falsche Entscheidung getroffen hatte, welche die Firma eine Million Dollar kostete. Der Manager setzte sich verlegen auf die vorderste Stuhlkante und meinte: „Sie werden mich jetzt sicher feuern." Darauf Carnegie: „Wie kommen Sie denn darauf? Wir haben gerade eine Million Dollar in Ihre Ausbildung investiert! Wieso sollen wir Sie jetzt fortschicken?"

Auch diese Geschichte, die zuerst von Dale Carnegie aufgeschrieben wurde, zeigt, wie weit von unserem Alltag
wirkliche Fehlerfreundlichkeit häufig ist. Ich weiß nicht, wie
das bei Ihnen wäre, aber ich hätte an Carnegies Stelle wohl
anders reagiert. Bemerkt sei noch, dass wir bei der Hitliste
der Fehlerfreundlichkeit keineswegs Platz eins anstreben
sollten. Ein mittlerer Platz würde zu den besten Ergebnissen führen.

Alles läuft? – Misstrauen Sie!

Wenn Sie Ihre Mitarbeiter fragen, wie es läuft und diese
bestätigen: „Alles läuft, Chef" – seien Sie misstrauisch.
Denn meistens geben Mitarbeiter die Antwort, die wir am
liebsten hören wollen. Wir wollen keine Probleme. Also
berichten die Mitarbeiter auch keine.

> Wir wollen nichts von Problemen hören – also berich-
> ten Mitarbeiter auch von keinen. **!**

Zwischen den Zeilen teilen die auf den ersten Blick gesehen
beruhigenden Worte „alles läuft" auch mit: „Lass' uns in
Ruhe! Es läuft so lala, keine Katastrophen, das muss rei-
chen. Übermäßig anstrengen wollen wir uns ohnehin nicht.
Also einigen wir uns mal darauf, dass alles ganz okay ist."

Problematisch ist auch die Fragenformulierung: „Läuft es?"
ist eine sogenannte geschlossene Frage. Die Antwort kann
nur „ja" oder „nein" sein. Aber auch die Frage „Wie läuft
es?" ist nicht viel besser, da die Standardantwort „gut"
lautet. Wer wirklich wissen will, wie eine Arbeit vorangeht,

muss sich ernsthaft damit beschäftigen und nach konkreten Details fragen.

Motivieren geht nicht

Schon vor bald zwanzig Jahren veröffentlichte Reinhard K.
Sprenger seinen Klassiker „Mythos Motivation", in dem er
ausführlich begründet, warum wir niemanden von außen
motivieren können.

> Motivation kommt von innen oder gar nicht.

Damit ist der Handlungsraum der Führungskraft einerseits
beschränkt. Anreize, wie Gehaltserhöhungen, Boni oder
Reisen, verfehlen ihr Ziel. Andererseits ergibt sich ein weniger attraktives, aber schier unendlich weites Handlungs-
feld: Räumen wir den Mitarbeitern die Hindernisse aus dem
Weg! Und woran erkennen wir, ob ein Hindernis ein Hindernis ist? Richtig: Am Ärger, den es verursacht.

> Mitarbeiterärger heißt oft: Führungskräfte müssen
> Hindernisse beseitigen, damit die Mitarbeiter motiviert
> arbeiten können.

Im Kontakt mit den Mitarbeitern, im Zuhören, Diskutieren
und Beseitigen von Hindernissen bestehen wesentliche
Aufgaben der Führungskräfte.

Siegen, nicht vernichten

Zuweilen beinhalten unsere persönlichen Ziele auch, dass wir andere überflügeln (schön ausgedrückt) oder aus dem Weg boxen (häufig Realität). Hier sollten wir anstreben, den Gegner nicht zu vernichten. Eine Diskussion oder Regelung, bei der wir zu achtzig Prozent Recht bekommen, reicht völlig aus. Wer nämlich nicht nur besiegt, sondern auch noch gedemütigt wird, für den ist nichts so süß wie die Rache.

Auf den Punkt gebracht

So verwandeln Sie Ihre Wut in motiviertes Handeln:

▸ Muten Sie sich die unangenehme Empfindung des Ärgers und der Wut zu.
▸ Erforschen Sie die Auslöser Ihrer Wut.
▸ Bestimmen Sie, welche Ziele Sie erreichen müssen, damit Sie bei der nächsten Gelegenheit nicht mehr wütend sein müssen.
▸ Planen Sie den Weg zu den Zielen.
▸ Handeln Sie entsprechend.
▸ Siegen Sie, vernichten Sie nicht.

So verwandeln Sie die Wut der Mitarbeiter und Kollegen in motiviertes Handeln:

▸ Suchen Sie den Kontakt zu kritischen Mitarbeitern und helfen Sie ihnen, konstruktiv zu werden.
▸ Fragen Sie nach, bis Sie die Probleme vollständig verstanden haben. Hier liegt das Potenzial zur Verbesserung.

- ▸ Verdeutlichen Sie, dass Kritik und Niederlagen Erkenntnisse bieten und motivieren können.
- ▸ Verzichten Sie auf all zu viele Trostworte: Zeigen Sie stattdessen passende Ziele auf.
- ▸ Suchen Sie den engen Kontakt zu den Mitarbeitern und räumen Sie ihnen die Hindernisse aus dem Weg.
- ▸ Führen Sie Fehlerfreundlichkeit ein.

Lassen Sie den Kreativ-Knoten platzen

Teamchaos

„So kann das nie gehen", sagt der Analytiker. „Nein, nie im Leben", bekräftigt der Perfektionist. „Ich koche uns erst mal einen schönen Kaffee", erklärt der Teamplayer. Währenddessen fängt der Pragmatiker schon mal an zu basteln. „Hey Leute, ich hab' eine völlig schräge Idee!", wirft der Querdenker ein. „Mann, was für ein Chaos", herrscht der Moderator die anderen an. „Wir diskutieren jetzt noch eine halbe Stunde und dann legen wir los." „Spätestens!", bekräftigt der Macher.

Was hier – natürlich extrem verdichtet – dargestellt ist, sind typische Aussagen von Teammitgliedern, wenn ein Team menschlich heterogen besetzt ist. Hier passt keiner zum anderen, jeder hat andere Stärken und Schwächen. Vorwärtsstrebende Querdenker und Vernetzer geraten zwangsläufig in Streit mit den Analytikern und Perfektionisten. Kuschelfreunde wie die Teamplayer kommen den Aufgabenführern und Machern notgedrungen in die Quere.

Dennoch oder eben deshalb ist die Qualität der Ergebnisse wesentlich höher, wenn die Teams heterogen besetzt sind.

> **Ärger und Wut gehören zu hochproduktiven Teams dazu. !**

Wir müssen also entgegen unserem ersten Impuls handeln: Wer riskiert schon gerne Konflikte, wenn er auch Harmonie haben kann? Dennoch gilt: Konflikte bringen bessere Lösungen. Häufig werden im Team kreative Ideen gebraucht, und wenn wir uns das Teamchaos oben vor Augen führen, wird klar, wo die Vorteile liegen: Querdenker sind für verrückte Ideen zuständig, Vernetzer wissen, wie es woanders gemacht wird. Analytiker und Perfektionisten klopfen diese Ideen auf Machbarkeit ab. Harmoniefreunde geben noch einen Schuss Menschlichkeit dazu und die Aufgabenführer brechen das Ganze auf den Alltag herunter. Ergebnis: eine originelle, praktisch durchführbare Idee. Ohne Streit und Verzweiflung kann das nicht gelingen. Über Teamrollen-Tests erfahren Sie, wie Sie die Gruppe optimal kombinieren.

> **Streit und Verzweiflung sind der Preis für gute Ideen im Team. !**

Die Verzweiflung angesichts der eigenen Einfallslosigkeit müssen wir genauer betrachten. Gerne reden wir uns dann selbst gut zu und helfen anderen wieder auf. Doch auch hier liegt unsere Intuition falsch: Wenn Sie sich über die schlimmste Not hinwegtrösten, verharren Sie in der Komfortzone. Wer einen Einfall sucht und wem er bei aller Anstrengung nicht einfällt, ergebe sich besser seinen destruktiven Gedanken. Denn aus dieser Untergangsstimmung heraus erheben sich die besten Ideen. Moderate Gefühle dagegen bringen keine Sensationen zuwege.

> Negative Gedanken sollten verstärkt werden, um gute Ideen zu bekommen.

Der Vollständigkeit halber sei erwähnt: Nicht gemeint sind Kreativprozesse, die ohnehin schon leicht gelingen. Hier haben destruktive Gedanken natürlich keinen Sinn.

Schlechte Alternative

Zusammengefasst: Wo die Stimmung schlecht ist, sind die Tröster nah. Gerne werden Teams danach zusammengestellt, wer sich gut mit wem versteht. Wenn sich dann doch ein Konflikt ergibt, versucht man die Kontrahenten zu beschwichtigen, alles zu relativieren und überall Kompromisse zu finden – bloß keine schlechte Stimmung, so die Devise. Weitverbreitet, aber falsch – wie Sie gerade gesehen haben.

So geht's richtig

Beachten Sie, um Wut zu kreativer Energie zu wandeln, grundsätzlich folgende Punkte:

▸ Stellen Sie Teams menschlich heterogen zusammen.

▸ Lassen Sie bei konfliktträchtigen Äußerungen keine Relativierungen zu.

▸ Weisen Sie Beschwichtiger und Tröster zurück.

▸ Halten Sie schlechte Stimmungen und Konflikte so lange
  aus, bis sie kreativ gelöst sind.

Im Folgenden zunächst einige Beispiele von kreativen Per-
sönlichkeiten, sodann weitere Praxistipps.

Wolf Haas' Versagen

*Einer der kreativsten Österreicher, der Autor Wolf Haas,
beschreibt die Situation, in der ihm die Schlüsselidee für
sein neues Buch einfiel: „Das Gefühl, versagt zu haben,
muss da sein." Am Abend habe er das Projekt, an dem er
lange gearbeitet hatte, komplett verworfen. „Am nächsten
Tag hatte ich dann die Idee, die Liebesgeschichte über ein
Interview zu erzählen. Und darum gibt es jetzt das Buch."*

Haas macht auch deutlich, dass eine halbe Aufgabe – nach
dem Motto „mal eine Nacht darüber schlafen" – nicht
ausreichen würde. Erst Verzweiflung, dann kreativer Einfall
– so ist die Abfolge.

DBC Pierre wiederum zeigt uns eine andere interessante
Seite des schöpferischen Wirkens. Er brachte zunächst
nichts in seinem Leben zustande. Er versuchte sich als
Schmuggler, Fotograf und Schatzsucher, er log seine
Freunde an und konsumierte Drogen. Dann kam das:

DBC Pierre's Ernüchterung

*Erstens: In einer Therapie lernte DBC Pierre, dass er kein
begnadeter Künstler, sondern ein ziemlicher Versager war.
Zweitens: Ein Schulmassaker machte ihn unglaublich zor-
nig. Drittens: Es ärgerte ihn enorm, dass er kein Künstler
war.*

Dann wurde er Künstler. Er schrieb „Jesus von Texas", die Geschichte eines Schulmassakers – ein Weltbestseller, der mit dem Booker Prize ausgezeichnet wurde.

Jeder der drei genannten Faktoren spielt im kreativen Prozess eine wichtige Rolle: Die Ehrlichkeit zu sich selbst – auch wenn man sich bei kritischer Betrachtung wenig grandios finden mag –, der Zorn als Anlass zu einem Werk und Wut als motivierender Stachel, der Ausdauer ermöglicht. Reiten wir noch etwas weiter gegen alle Trends.

Schwarzsehen leicht gemacht

Nehmen Sie sich die bereits beschriebenen Beispiele als Vorbild. Ein Künstler zeichnet sich häufig nicht dadurch aus, dass er ständig ideensprühend durch die Welt tänzelt. Eher wird er besonders zerknirscht und niedergeschlagen in einer Ecke sitzen und über der Lösung eines Problems brüten, die ihm dann noch nicht einmal einfällt.

Außer am nächsten Morgen. Der Beginn ist also entscheidend: sich eine Stimmung, in der man sich nun mal befindet, zuzumuten, auch wenn sie negativ ist. Niederlagen, Schwarzseherei und Verzweiflung sind also schon mal ein guter Anfang für kreative Erfolge.

Verlieben ins Unmögliche

Denken Sie, wenn Sie eine Idee suchen, nicht an die Vermarktung. Das hemmt. Verlieben Sie sich lieber in einen verrückten Gedanken, spinnen Sie ihn aus, erforschen Sie ihn vollkommen. Dann wird sich der praktische Nutzen früher oder später von allein einstellen. Die auf lange Sicht erfolgreichsten Menschen sind Überzeugungstäter. Sie verstreuen ihre Aufmerksamkeit nicht bei der ständigen Suche nach Zügen, auf die sie aufspringen könnten, sondern sie sind innerlich Getriebene, die ihre eigenen Ideen verfolgen.

Originell sein

Wie finden Sie Ideen, die niemand sonst hat? Wie verorten Sie eine Positionierung, die Ihnen durch ihre Originalität die Kunden von allein zutreibt? Lernen Sie aus folgenden Beispielen.

Charles M. Schulz' Selbstbesinnung

Er war ein blasser, äußerst mittelmäßiger Junge. Das Einzige, was er einigermaßen gut konnte, war zeichnen. Aber seine Ambitionen schlugen auch hier fehl. Niedergeschlagen saß er zu Hause. Dann erfand er Charly Brown, einen blassen, durchschnittlichen Jungen. Sein eigenes Spiegelbild und der erste der Peanuts.

Die Peanuts wurden ein Welterfolg. Schulz erzeichnete sich damit ein Millionenvermögen. Im Mittelpunkt seiner Kunst steht quasi er selbst, eine ehrliche kritische Selbstsicht, der Charakter, mit dem er sich am besten auskannte.

Stellen Sie die ehrliche Selbstsicht in den Mittelpunkt Ihrer Ideensuche.

Das nächste Beispiel erweitert diese Grundidee um die Reaktionen des Publikums.

Kurt Krömers Outing

Kurt Krömer kommt aus Berlin-Neuköln ... Da kommt man einfach nicht her, aus diesem sozialen Brennpunkt – das bekam er früh zu spüren. Nun stellte er sich auf die Bühne als Neukölner – sofort protestierten alle, das gehe ja wohl nicht, dass er sich auch noch auf Bühnen zu dieser peinlichen Herkunft bekenne. Doch genau darin liegt das Besondere, die Marktnische dieses Comedians.

Offenbar sind erfolgreiche Kreative Menschen, die sich nicht nur in ihre Verzweiflung stürzen, sondern die sich auch noch gegen das vernichtende Urteil, die Skepsis und wohlgemeinten Einwände ihrer Freunde und Verwandten stellen. Manchmal gilt eben:

Protest und Kritik können gute Hinweise sein, dass Sie auf dem richtigen Weg sind.

Eine Warnung sei hier allerdings hinzugefügt: Nicht jeder, der gerne möchte, kann Welterfolge als Zeichner erringen oder als Comedian mit eigener TV-Show reüssieren. Die Begabung muss da sein, sonst helfen Schwarzsehen, Selbstzerfleischung und -erkenntnis auch nicht weiter.

„Diplomatie ist eine abgeschwächte Form der Verlogenheit"

Dies ist das Zitat eines Künstlers, der für undiplomatische Handlungsweisen in der Öffentlichkeit bekannt wurde, nämlich Götz George. Während wir Geschäftsleute uns mit Ratgebern übers richtige Benehmen ins rechte Licht setzen, wirft uns einer der erfolgreichsten deutschen Schauspieler diese Meinung an den Kopf. Dass er damit trotz des Booms der Ratgeber, die uns zum genauen Gegenteil anleiten, nicht Unrecht hat, belegen viele Beispiele in diesem Buch. Diese Beispiele mögen denn auch genügen. Erklärt sei allerdings im nächsten Abschnitt, wieso viele im Kern gute Ideen niemals auffallen, während andere dank geschickter Weiterentwicklung triumphieren.

Schälen Sie den kreativen Kern heraus

Woran es den meisten Ideen mangelt, die keine Wirkung erzielen – sei es nun in der Künstlerszene oder bei der kreativen Umorganisation eines Unternehmens –, ist die klare Form. Der originelle Kern einer Idee muss herausgeschält und möglichst prägnant dargestellt werden.

Die meisten Einfälle, die nicht zünden, sind an sich gut, aber an irgendeiner Ecke nicht gerade genug gedacht und präsentiert. Die Grobgliederung dieses Buches kann als Beispiel dienen, wie kurz und direkt man etwas ausdrücken kann. Mir geht es darum, dass Sie von der Wut zur Handlung gelangen: Achtung! – Wut? – Change! – Fertig, los.

> Suchen Sie immer nach der klarsten Form Ihres Gedankens.

Die Literatur-Agentur Gorus beispielsweise, die dieses Buch vermittelt hat, bietet eine Konzeptionsberatung für Autoren an. Was die genialen Berater der Agentur hier tun? Sie schälen den kreativen Kern aus einer Buchidee heraus und spitzen das ganze so zu, dass es sofort verständlich ist.

In der Autoren-Lounge 2008, einer Veranstaltung am Rande der Buchmesse, zu der die Agentur Lektoren, Autoren und andere Bücherleute einlud, fand beispielsweise folgendes Gespräch statt.

Form verrissen – Kern erkannt

Ein angehender Autor, der gerade an seinem ersten Projekt arbeitet, erzählte: „Ich hatte schon einen Titel, eine Gliederung und 30 Seiten Text. Herr Gorus hat das alles zerrissen. Aber er fand, es seien gute Ideen drin."

Die Zuhörer, Niels Pflaeging, der Bestseller-Autor und Träger des Wirtschaftsbuchpreises 2006, und ich lachten befreit auf. Denn wir kannten das. Wahrscheinlich teilten fast alle anwesenden Autoren diese Erfahrung.

Man ist sehr stolz. Man meint, man habe eine originelle Idee und man habe sie klar auf den Punkt gebracht. Dann kommen Oliver Gorus und Jörg Achim Zoll daher und zerknüllen das bisherige Werk, um aus einigen Kernideen ein Neues zu erschaffen.

Das Verblüffende daran ist, dass es die eigene Idee ist, die da in neuem Glanz erstrahlt! Die Berater haben nicht etwa ihre Vorstellungen verwirklicht, sondern „nur" geholfen, die fremden Einfälle klar genug herauszuarbeiten.

> **!** Suchen Sie die Außensicht auf Ihre Projektidee, um den Kern zu erfassen.

Zu dem Herausarbeiten einer Kernidee gehört auch, Randbedingungen anzupassen und Elemente hinzuzufügen. So gibt es in meinem Buch „Der Zornkönig" nicht nur einen Titel, auf dem ein Herr eine Krone aufhat. Die Geschichten vom Zornkönig und seinem Hofstaat bereichern auch den Text, und die Merksätze heißen „Dekrete".

Bei großen Marken gilt das beschriebene Muster genauso. Das Ziel der Einheitlichkeit zwischen Keim und Trieben gelingt dabei unterschiedlich, wie folgendes Beispiel zeigt.

Ikea versus Deutsche Bank

Bei Ikea bauen die Kunden selbst, es gibt ständige Innovationen, halbjährlich einen neuen Katalog, und die Mitarbeiter dürfen eigene Einfälle umsetzen – das ist stimmig im Sinne des Leitwerts „innovatives Design". Aber woran erkennen Sie in der Praxis, dass die Deutsche Bank den Slogan „Leistung aus Leidenschaft" vor sich her trägt?

Natürlich gibt es noch anderes als die Stimmigkeit zwischen Slogan und Inhalt, das den Erfolg bestimmt. Aber wenn – um noch einmal ein Beispiel zu bemühen – der Grundwert von BMWs die Dynamik ist, wenn die technische Stärke das Fahrwerk ist, wenn die Leitlinie für die Ingenieure ein vergleichsweise agiles Fahrzeug ist und die BMW in der Werbung immer Kurvenstrecken fahren – dann passt der Erfolg einfach dazu.

Wenn die Kernidee steht, verändern Sie die anderen Elemente so, dass sie zum Kern passen und ihn unterstützen.

Sie können diesen Satz übertragen auf jede Positionierung, ob es die eigene im Unternehmen oder die eines Produkts ist, das Sie vertreiben. Klären Sie dazu folgende Fragen:

▸ Worin liegt der Kern meines Angebots?

▸ Passen alle Elemente des Angebots zu diesem Kern?

▸ Können wir Elemente hinzufügen, die die Kernidee verdeutlichen und verstärken?

Unabhängig von Kreativitätstechniken, die dazu dienen, überhaupt Ideen zu finden, handelt es sich beim kreativen Tun zum Teil um Handwerk, wie es der folgende Kapitel-Check noch einmal verdeutlicht.

Auf den Punkt gebracht

So verwandeln Sie Ihre Wut in Kreativität:

▸ Muten Sie sich Ihre Wut und Verzweiflung zu.

▸ Halten Sie die schlechte Stimmung so lange aus, bis sie kreativ gelöst ist.

▸ Stellen Sie die ehrliche Selbstsicht in den Mittelpunkt Ihrer Ideensuche.

▸ Forschen Sie immer nach der klarsten Form Ihres Gedankens.

▸ Ziehen Sie die Außensicht auf Ihr Projekt hinzu, um dem Eigentümlichen daran auf die Spur zu kommen.

▸ Wenn die Kernidee steht, verändern Sie die anderen Elemente so, dass sie zum Kern passen und ihn unterstützen.

> So helfen Sie Mitarbeitern und Kollegen, Streit und Verzweiflung in Kreativität zu verwandeln.
>
> ▸ Stellen Sie Teams menschlich heterogen zusammen.
> ▸ Lassen Sie bei konfliktträchtigen Äußerungen keine Relativierungen zu.
> ▸ Weisen Sie Beschwichtiger und Tröster zurück.
> ▸ Halten Sie schlechte Stimmungen und Konflikte so lange aus, bis sie kreativ gelöst sind.
> ▸ Helfen Sie mit Ihrer Außensicht dabei, den kreativen Kern herauszuschälen und zu verdeutlichen.

Finden Sie Ihren Ausgleich

Frau Grimm, ihr Frust und ihre Karriere

Die Gelegenheit war günstig. Der Chef vom Chef saß fünf Reihen weiter und neben ihm war noch ein Platz frei. Viktoria Grimm fühlte sich vom Frust der letzten Monate förmlich durch den Mittelgang des Fliegers nach vorne gesogen und landete nach höflichem „Hallo" direkt neben dem Boss. Nach einer Flugstunde, während der sie angeregt geplaudert und gleichzeitig ihre Unzufriedenheit angesprochen hatte, verabschiedete sie sich freundlich von ihrem neuen Bekannten. Wenig später wurde ihr eine andere Position im Unternehmen angeboten. Sie bedeutete keineswegs eine Beförderung. Aber am neuen Platz fühlte sie sich wohl. Die Erfolge stellten sich schnell ein, und wenig später startete sie als Assistentin eines Vorstands eine steile Karriere im Konzern.

Offensichtlich hat die Wut Frau Grimm motiviert, produktiv zu handeln. Dabei hat sie den goldenen Mittelweg gefunden, der zwischen dem Schlucken des Ärgers einerseits und deplatzierten Wutausbrüchen andererseits verläuft. Beides sind die klassischen Sackgassen der Ärgerverarbeitung.

Schlechte Alternative

Dabei hätte Frau Grimm im Umgang mit ihrer Wut vieles falsch machen können. So hört sich das Erlernen einer Entspannungstechnik professionell an, führt aber nicht weiter. Mit der Entspannung beruhigt sich zwar der Blutdruck, aber es wächst die Gleichgültigkeit. So landet man höchstens ausgeglichen auf dem Abstellgleis. Auf dem Holzweg sind auch Verkäufer, die sich trotz notorisch geringen Erfolgs einreden, dass sie einfach immer wieder erneut angreifen müssen, statt grundsätzliche Stellschrauben zu bewegen. Sie verbrennen wie Holz in einem offenen Kamin – ohne zu wärmen. Häufig kündigen frustrierte Mitarbeiter innerlich. Sie gehen zwar zur Arbeit, wirklich engagiert erlebt sie aber nur, wer sie privat trifft. Sie betreiben damit einen emotionalen Verschiebebahnhof, der ihrer Firma die Kräfte entzieht und sie selbst zuweilen unversehens in die Arbeitslosigkeit befördert.

So geht's richtig

Angesichts dieser ebenso häufigen wie negativen Varianten: Wie schafft es Frau Grimm scheinbar so spielend leicht, die einzige positive Reaktion auszuwählen? Offenbar lohnt es sich, die oben beschriebene karrierefördernde

Flugstunde Frau Grimms genauer zu untersuchen und zusammenzutragen, was ihr da so perfekt gelang.

Zunächst ergreift sie die angebotene Chance aktiv – eine wichtige Voraussetzung fürs Gelingen. Doch mit der Eroberung eines Sitzplatzes neben dem Boss war es nicht getan. Die schwerste Aufgabe folgte noch. Nun galt es, den richtigen Ton zu treffen. Frau Grimm musste ihr Engagement und ihre Kritik darstellen, ohne illoyal oder allzu karriereorientiert zu erscheinen. Hierzu gibt es nur einen Weg:

‣ Akzeptieren Sie auch Ihre intensiven und negativen Emotionen.

‣ Klären Sie, welche Bedürfnisse hinter Ihren negativen Gefühlen stehen.

‣ Wandeln Sie die Energie in produktives, bedürfnisorientiertes Handeln um.

Für diese schwierige, weit ins Persönliche reichende Aufgabe habe ich aufbauend auf verschiedenen psychologischen Ansätzen zwei Methoden entwickelt und seit Jahren erprobt. Ziel war die Verknüpfung von Einfachheit und Effektivität.

Zwei Methoden für persönliche Reife und selbstbewusstes Handeln

ALEBA-Methode: In fünf Schritten vom Wutanlass zur produktiven Aktion.

A: Wählen Sie einen Anlass. Es sollte eine charakteristische und besonders empörende Situation sein, die Sie sich detailliert vor Augen führen können.

*L: Machen Sie sich klar, dass Sie nicht weiter toben, son-
dern nun lernen wollen. Halten Sie sich an die Weisheit: „Es
gibt nur Freunde und Lehrer." Wandeln Sie die „Feinde" in
„Lehrer" um und machen Sie sich bereit für deren Lehre –
auch wenn sie Ihnen zunächst nicht willkommen sein mag!*

*E: Nutzen Sie die Vorarbeit aus dem ersten Schritt: Ergän-
zen Sie die eben ausgemalte Situation um Ihre Empfindungen.*

*B: Von den Gefühlen kommen Sie leicht auf die Bedürfnis-
se. Worum ging es Ihnen in der Situation? Was haben Sie
vermisst? Die häufigsten Bedürfnisse sind: Anerkennung,
Achtung, Respekt, Kontrolle, Verantwortung, Sicherheit,
Ruhe, Organisation.*

A: Handeln Sie produktiv: Aktion!

Wenn die ersten vier Schritte richtig ausgeführt wurden,
hatten Sie bei Schritt „B" ein Aha-Erlebnis. Die passenden
Handlungen ergaben sich von allein. Sollte dies einmal
nicht der Fall sein, gehen Sie nochmals zum Schritt L zurück, dann folgt wieder E, dann B.

Alternativ nutzen Sie die Methode „Königlicher Gerichts-
hof/Putsch". Sie klärt Ihre Bedürfnisse, aber auch die Ihres
Gegenübers, und ermöglicht eine konstruktive Auseinandersetzung. Nehmen Sie zunächst zwei Blatt Papier und
legen Sie auf jedem eine zweispaltige Tabelle an. Die erste
Spalte überschreiben Sie jeweils mit „Anklage", die zweite
mit „Verteidigung".

Königlicher Gerichtshof / Putsch

Schritt 1: Stellen Sie sich vor, Sie sitzen als Zornkönig zu Gericht über Ihre Widersacher. Notieren Sie in der ersten Spalte alle Anklagepunkte, die Sie vorzubringen haben. Vergessen Sie nichts. Dramatisieren Sie getrost in eigener Sache.

Schritt 2: Schreiben Sie in die zweite Spalte mögliche Verteidigungsargumente.

Schritt 3: Stellen Sie sich vor, Ihrem Gegner wäre ein Putsch gelungen. Er sitzt nun zu Gericht und klagt Sie an. Dabei verfährt er ebenso aufgebracht und einseitig, wie Sie es getan haben. Notieren Sie die Anklage auf dem zweiten Blatt.

Schritt 4: Verteidigen Sie sich selbst in der zweiten Spalte der Tabelle.

Schritt 5: Ergänzen Sie nun alle vier Spalten um die Bedürfnisse, um die es eigentlich ging. Siehe ALEBA Schritt B. (Vorsicht: Verwahren Sie diese Papiere sicher!)

Während die ALEBA-Methode offener ist und schwerer zu erlernen, bietet sie den Vorteil, dass sie ohne schriftliches Arbeiten, unkompliziert und mit entsprechender Routine schnell durchzuführen ist.

Die Methode „Königlicher Gerichtshof / Putsch" zeigt dagegen klarer, wie die Konflikte zwischen den Parteien entstanden sind, und offenbart die Beweggründe der anderen Seite.

Egal welche Methode Sie anwenden: In jedem Fall nehmen Sie die negative Energie aus der Kommunikation heraus und wandeln Sie in produktives Handeln um. Statt anderen Vorwürfe zu machen, stehen Sie selbstbewusst zu Ihren Anliegen. Ohne falschen Unterton in der Stimme, ohne verhaltene Aggressivität oder verborgene Rachegelüste gehen Sie auf Ihre Partner zu und handeln im besten Sinne souverän.

Energie zurück zum Absender

Mit den beschriebenen Zornkönig-Methoden kündigen Sie nicht mehr innerlich und überlassen anderen das Feld. Sie bringen Ihre Energie dorthin, wo sie sich entzündet hat, wo sie her kam und wo sie hingehört. Damit profitieren alle: Sie selbst, Ihr Team und Ihre Organisation.

Vorbereitung auf schwierige Situationen

Haben Sie ein schwieriges Mitarbeitergespräch vor sich? Riecht die Tagesordnung des nächsten Meetings nach Streit? Fordert Sie ein Kundentermin zu einer Reklamation? Egal wo Sie auf Reibereien stoßen: Mit den Zornkönig-Methoden bereiten Sie sich richtig vor. Denn Sie verzichten auf unproduktive Gefechte mit Ihrer Umwelt. Stattdessen treten Sie selbstbewusst für Ihre Ziele ein.

Langfristige Orientierung gewinnen

Darüber hinaus gewinnen Sie noch sehr viel langfristigere Vorteile. Da Bedürfnisse sehr grundlegend sind, gewinnen Sie eine verlässliche Orientierung weit über den Moment hinaus. Richten Sie Ihr Handeln nach Ihren Bedürfnissen aus, können Sie kontinuierlich daran arbeiten, Ihre eigene Vision zu verwirklichen.

> Wer seine Bedürfnisse kennt, kann die passende Vision entwickeln

Wichtig dabei ist die Verknüpfung von Bedürfnis und Situation. So haben vielleicht drei Menschen das Bedürfnis „Anerkennung" als zentrales Lebensthema. Der eine blüht im Verkauf auf und empfindet es als lohnend, wenn er einen Kunden überzeugt hat. Der andere ist glücklich, wenn er Menschen zum Lachen bringt. Der dritte arbeitet gerne für sich alleine und genießt den Triumph, eine wissenschaftliche Innovation geschaffen zu haben. Jeder hat für sich gewonnen, wenn er einerseits weiß, welches Bedürfnis ihn besonders antreibt, und andererseits die Situationen kennt, in denen es aktiviert und befriedigt wird.

> Besonders hilfreich ist, wenn Sie wissen, welches Bedürfnis welche Situation beeinflusst.

Eine langfristige Orientierung ist heute nötig, um etwas zu erreichen. Fachleute für Neugründungen von Unternehmen empfehlen, erst nach drei Jahren mit schwarzen Zahlen zu rechnen und sich von vornherein ein entsprechendes Finanzpolster zu sichern. Motiviert Sie die Selbstständigkeit ausreichend, um eine so lange Durststrecke in Kauf zu nehmen?

Mindestens fünf Jahre strategischer Kommunikation sind nötig, um sich als Freiberufler einen Namen zu machen. Wie eine solche Positionierung in der Praxis funktioniert, zeigt beispielsweise der Zeitmanagement-Experte Prof. Lothar Seiwert. Als das Thema „Zeitmanagement" in Mode kam, boten viele Trainer entsprechende Seminare an. Doch nur Lothar Seiwert konzentrierte sich voll und ganz darauf. Heute ist er für die Öffentlichkeit mit diesem Thema verwachsen – während die früheren Mitbewerber vergessen sind.

> Klären Sie Ihre wichtigsten Bedürfnisse. Reicht Ihre darauf aufbauende Motivation für Ihre Ziele?

Ungefähr zehn Jahre benötigen Wissenschaftler, um den Status von Experten für ein bestimmtes Fachgebiet zu erlangen. Für eine Karriere bis in den Vorstand großer Organisationen müssen Sie 30 Jahre rechnen, und erfolgreiche Unternehmer widmen ihren Gründungen meist ihr gesamtes Berufsleben. Was motiviert die Gründer über eine so lange Zeit? Viele, wie z. B. Götz Werner (dm-Drogeriemärkte), Günther Fielmann (Fielmann) und Anita Roddick (Body Shop), starteten mit einer gehörigen Portion Wut im Bauch.

Diese Wut haben sie persönlich genommen. Sie haben erforscht, was sie wirklich wollen, und in diesem Sinn gehandelt. Nur wem das gelingt, wer sich von den Ärgeranlässen löst und zu den eigenen Bedürfnissen und Zielen vordringt, schafft eindrucksvolle Erfolge.

> Nur wer sich von den Alltagsärgernissen löst und seine produktive Energie ins Handeln umsetzt, kann ambitionierte Ziele erreichen.

Eine andere Art, sich vom alltäglichen Ärger zu lösen und dabei beharrlich eine bessere Alternative zu verfolgen, beschreibt der nächste Abschnitt.

Meditieren – ruhig und anerkannt

Wenn Ihnen – oder Ihrer Umgebung – Ihre Zornenergie zu stark ist und Sie Ruhe suchen, können Sie zahlreiche Methoden anwenden. Da der Fokus dieses Buches ein anderer ist, gehe ich nicht ausführlich darauf ein. Eine Methode jedoch, die sich hervorragend mit den in diesem Buch ausgeführten Ansätzen der produktiven Ärgernutzung verträgt, sei erwähnt: der buddhistische Zugang des Thich Nhat Hanh.

In seinem Buch „Ärger" erklärt er, wie wir ständig woanders sind, statt bei uns. „Wohin willst du? Du bis schon da!" – dieses Zitat allein macht deutlich, was er meint. Wenn Sie es schaffen, nur einen Atemzug pro Tag bewusst zu erleben, sich ausschließlich auf Ihren Atem zu konzentrieren, zu spüren, wie Sie über die Atmung mit der ganzen Welt in Kontakt stehen, sind Sie ein ganzes Stück mehr bei sich, glücklicher, befreiter, stressresistenter. Wenn Sie diesen Atemzug in der Natur erleben, wird Ihnen das Herz aufgehen und Sie werden noch über Stunden hinweg davon profitieren.

> Genießen Sie einen bewussten Atemzug pro Tag, und Ihr Leben wird sich verändern. **!**

Wir essen und gehen genauso wenig bewusst, wie wir gewöhnlich atmen. Und auch das können wir hier üben: uns nur darauf und auf nichts anderes zu konzentrieren. So machen Sie Urlaub vom Alltag. Sie sind weit weg vom täglichen Stress. Wichtig ist die Übung. Die Theorie allein bringt absolut nichts.

> Nur die Übung zählt: Theoretisieren hilft nicht.

Bevor Sie das Buch von Thich Nhat Hanh lesen, empfehle ich Ihnen eine Beschäftigung mit dem Buddhismus. Ein paar Wikipedia-Artikel genügen dazu. Wenn Sie gar nichts über die Grundlagen wissen, wird Sie der Autor nur abstoßen oder verwirren.

Blinde Flecken erkennen – Leben verändern

Auch Thich Nhat Hanh lobt den Zorn als Erkenntnisquelle. Dazu noch ein wichtiger Tipp: Andere können unsere blinden Flecken meist hervorragend sehen. Das heißt, andere sind bestens dazu geeignet, uns den Spiegel vorzuhalten.

> Nutzen Sie die Außensicht von anderen, um sich den Spiegel vorhalten zu lassen.

Weil wir die Macken beim Gegenüber so gut erkennen, meinen wir auch besser zu wissen, was für ihn gut ist. So geben wir „Ratschläge" – wir schlagen den anderen mit unserem Rat: Sei so! Tu dies! Doch wir täuschen uns. Denn obwohl der andere seine Schwächen selbst schlecht erkennt, ist er der bessere darin zu wissen, was er tun sollte.

> Der Impuls zur Veränderung muss von außen kommen, die Lösung von innen. **!**

Es kann durchaus sein, dass jemand trotz offensichtlicher Nachteile seines Verhaltens gute Gründe dafür hat. So hat mancher eine Erkenntnis gewonnen, mag ihr aber noch nicht folgen.

Ein Mann geht seinen Weg

Ein Mann fragt einen Passanten, wo es zu Neu-X ginge. Der Passant erklärt ihm den Weg. Der Mann bedankt sich und geht in der anderen Richtung davon. Der Passant ruft ihm hinterher: „Hallo, zu Neu-X geht es hier lang!" Der Mann dreht sich um: „Ich weiß, aber ich bin noch nicht so weit."

Die Geschichte macht deutlich, dass wir zuweilen Zeit brauchen, um einen Weg zu gehen. Laut Veränderungsforschung ist das vom Beginn eines Change-Prozesses an betrachtet sogar immer so. Erst wehren wir alle Informationen ab: „Wieso ein neues System, das alte ist doch gut." Danach beginnen wir, uns mit den Informationen zu beschäftigen: „Das neue System hat auch Vorteile." Danach interessieren wir uns für den Weg: „So und so könnten wir es nutzen." Dann starten wir einen Versuch, kämpfen mit Rückfällen, um dann endlich eine Gewohnheit zu ändern.

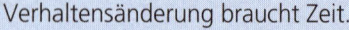

Verhaltensänderung braucht Zeit.

Gönnen Sie sich diese Zeit. Ein einziges Bedürfnis, das Sie bei sich neu erkannt haben, kann Sie über mehrere Monate oder Jahre fordern, bis Sie eine neue, stabile Verhaltensweise gefunden haben. So sind die meisten Wüteriche respektlos gegenüber anderen. Bis sie jedoch ein respektvolles Verhalten etabliert haben und sich selbst respektieren können, kann es Jahre dauern.

Anerkannt und respektiert

Zum Respektieren der eigenen Person: Selbstverständlich sind wir nicht mit allem zufrieden, was uns heute ausmacht. Wer etwas im Leben erreichen will, muss etwas verändern und kann nicht zugleich damit glücklich sein. Zufriedenheit finden wir deshalb anders. Das Heute ist letztlich das Ergebnis unserer Entscheidungen in der Vergangenheit. Wir haben uns entschieden, so zu handeln und dabei zum Beispiel bestimmte Risiken einzugehen. Wir wollten etwas haben und haben es auch bekommen. Meistens stimmt das Leben insgesamt und nur einzelne Aspekte daran machen nicht glücklich.

Es ist der eigene Weg

Sie sind nicht zufrieden? Sie haben sich entschieden, diesen Menschen zu heiraten, diese Kinder zu bekommen, diesen Beruf zu erlernen, diese Schokolade zu essen und dieses Bier zu trinken. Wenn Sie etwas für die Zukunft ändern wollen, handeln Sie. Aber hadern Sie nicht mit der Vergangenheit. Damals waren die Entscheidungen, die Sie trafen, die besten, die Sie treffen konnten.

Zum Beispiel: Wer wollte nicht etwas mehr Geld verdienen? Wir alle. Aber wer will alles tun, allein des Geldes wegen? Das sind nur wenige – zum Glück. Mit vergangenen Entscheidungen zu hadern, zermürbt sinnlos.

Respekt für das eigene Leben gewinnen Sie, indem Sie sich erinnern: Sie selbst haben sich so entschieden.

Fehlt es Ihnen an Anerkennung? Willkommen in folgendem Dilemma: Anerkennung heftet sich an greifbare Erfolge. Wer sie nicht erreicht, sollte sich insofern keinen Applaus geben. Aber wer so verfährt, macht sich damit von Äußerlichkeiten und von anderen abhängig. Wer sich indessen selbst vorbehaltlos anerkennt: Wie kann er zwischen Erfolg und Misserfolg, zwischen Fehlern und fehlerfreiem Arbeiten, zwischen Zielerreichung und -verfehlen unterscheiden? Wie kann er Energie für die eigenen Ziele mobilisieren?

Die Lösung: Atmen Sie bewusst. Das Leben selbst erkennt Sie und Ihr Dasein an. Sie befinden sich mit jedem Atemzug im Austausch mit der ganzen Welt. Was auch kommen mag, solange Sie atmen, leben Sie.

Sie leben, Sie atmen? Das Leben erkennt Sie an!

Sie können diese Erkenntnis sogar ganz praktisch nutzen, beispielsweise vor wichtigen und heiklen Terminen. Egal mit welchen Schwierigkeiten Sie konfrontiert werden, egal wie geschickt Sie sich dabei verhalten: Das Leben fließt in Ihnen. Es akzeptiert Sie, solange Sie atmen!

Zum emotionalen Ausgleich verhilft auch die Balance zwischen Aufruhr und Ruhe, die der nächste Abschnitt beschreibt.

Ruhe nach dem Sturm

Für jene, die mit buddhistischer Meditation (noch) nichts anfangen können: Gönnen Sie sich selbst nach einem kräftigen emotionalen Ausbruch Zeit für eine ruhige und nachdenkliche Verarbeitung.

Während in der Wut alles ernst und endgültig erscheint, dürfen Sie sich nach vollbrachtem emotionalem Aufruhr zurücklehnen und die Welt augenzwinkernd und gelassen betrachten – sie dreht sich eben doch von allein weiter und Sie müssen nicht alles selbst richten.

> In der Wut erscheint alles ernst und endgültig – das ist es aber nicht.

Bearbeiten Sie im nächsten Meeting die operativen Aufgaben und stellen Sie die Konflikte zurück. Schwimmen Sie einen Moment im Geschehen mit und sehen Sie sich um. Ebenso wie nach einem heftigen Gewitter die Luft reingewaschen und klar ist, werden Sie Ihre Situation neu betrachten und kreative Lösungen entdecken. Und wenn Sie das Leben dann vor eine heikle Gesprächssituation stellt, sind Sie richtig vorbereitet.

Flurschaden begrenzen

Die Innensicht hilft auch, durch Wutausbrüche verursachte Schäden wieder zu reparieren. Stellen Sie sich vor, Sie sind zu weit gegangen, haben Mitarbeiter vor versammelter Mannschaft angebrüllt. Und nun wollen Sie sich entschuldigen, ohne Ihre Schwächen wirklich erforscht zu haben.

Offensichtlich wären Sie hier ungenügend vorbereitet. Ganz anders wird das Gespräch verlaufen, wenn Sie dem eigenen Wahnsinn mutig ins Gesicht geblickt und seine Hintergründe erforscht haben. Klären Sie, was Sie bewegt hat, und teilen Sie dies mit.

> Bevor Sie sich entschuldigen: Regen Sie sich vollständig ab. Erforschen Sie die Hintergründe Ihres Handelns. Erklären Sie Ihre Wut.

Auf gleichem Wege können Sie präventiv den nächsten Wutanfällen vorbeugen. Erforschen Sie mithilfe der Zornkönig-Methoden Ihre eigenen Abgründe. Finden Sie heraus, welches innere Bedürfnis Sie in welcher Situation auf die Palme bringt. Stärken Sie sich selbst und fördern Sie Ihre Wahrnehmung der Gegenwart über Meditation. Dann wird Ihre Wut in Zukunft gemäßigter und sie fällt weniger aus dem Rahmen des Üblichen.

Ihr Kapital: Selbsterkenntnis

Sie werden übrigens auch in anderer Hinsicht belohnt: Hinter Ihrer Schwäche werden Sie eine Stärke wiederentdecken. Hinter der Respektlosigkeit liegt beispielsweise ein energiereiches, kreatives, freches Vermögen, das die Wirklichkeit kraftvoll umgestaltet. Eine Schwäche entwickelt sich daraus, dass wir eine Stärke haben. Die Stärke bewährt sich im Alltag. Wir greifen immer öfter auf sie zurück – oft mit Vorteil. Immer häufiger aber auch mit Nachteil. Diese Spirale ins Negative können Sie über mutige Selbsterkenntnis umkehren.

> **!** Hinter den Schwächen liegen die Stärken verborgen.

Noch ein wichtiger Punkt: Wut ist ein Gefühl, das aus unserer Weltsicht heraus entsteht. Gleichzeitig ist sie ein Indikator, dass die Wirklichkeit anders ist, als wir sie uns vorstellen. Damit stellt sich für Konflikte immer die Frage: Was lernen wir daraus über die Wirklichkeit – und damit für unser Leben? Dafür ist sozusagen jedes „Arschloch" recht. Gerade die Unholde auf der Welt haben den Vorteil, dass sie uns frühzeitiger und heftiger als andere Menschen auf die Wirklichkeit stoßen. Während ein Streit nur für den Moment aufregt, ist die Erkenntnis über die Wirklichkeit auf Dauer interessant. Zugespitzt ausgedrückt:

> **!** Wer Recht hat, ist uninteressant. Was Sie lernen können – darum geht es.

Mit dieser Einstellung gehen Sie gelassen durchs Leben und erfahren täglich von anderen etwas über ihre Brille, durch die Sie die Welt betrachten.

Auf den Punkt gebracht

So verwandeln Sie Ihre Wut in Souveränität:

▸ Nutzen Sie die Außensicht, um sich den Spiegel vorhalten zu lassen. Jeder Konflikt ist dazu geeignet.

▸ Akzeptieren Sie auch Ihre intensiven und negativen Emotionen.

▸ Klären Sie, welche Bedürfnisse hinter Ihren negativen Gefühlen stecken.

▸ Wandeln Sie die Energie in produktives, bedürfnisorientiertes Handeln um.

▸ Ordnen Sie Ihre Ziele so, dass sie zu Ihren aktuellen Bedürfnissen passen.

▸ Praktizieren Sie die Methoden: Theoretisieren hilft nicht.

▸ Gönnen Sie sich die notwendige Zeit: Selbsterkenntnis geht schneller als Verhaltensänderung.

So gehen Sie mit anderen souveräner um:

▸ Bereiten Sie schwierige Gespräche vor, indem Sie die wechselseitigen Bedürfnisse freilegen.

▸ Machen Sie andere auf deren blinden Flecken aufmerksam, aber geben Sie keine Ratschläge.

▸ Gönnen Sie anderen die notwendige Zeit. Es ist normal, anfangs in altes Verhalten zurückzufallen, bis das neue Verhalten etabliert ist.

> ‣ Beruhigen Sie sich erst, bevor Sie sich entschuldigen. Erforschen Sie die Hintergründe Ihres Handelns.
>
> ‣ Erklären Sie Ihre Wut.

Führen Sie andere zum konstruktiven Wutgebrauch

Unterscheiden Sie mit mir die folgenden drei Wuttypen. So können Sie gezielter agieren und andere fördern. Nur drei verschiedene Typen – und da soll jeder Mensch eindeutig zugeordnet werden können? Das werden Sie sich vielleicht fragen. Richtig ist: Viele Menschen sind Mischtypen und nicht eindeutig zuordenbar. Dennoch gilt: Im Kern können Sie einzelne Verhaltensweisen einer der drei Varianten zuordnen. Um Ihnen diese Zuordnung zu erleichtern, bleibe ich in der folgenden Darstellung deshalb bei den drei Grundtypen.

‣ Tyrannen
Sie sind energievoll, zupackend und häufig wütend. Schon geringe Anlässe bringen sie in Rage. Dabei verändern sie im Grunde nichts, sodass sie sich immer aufs Neue erregen müssen.

‣ Abgedankte
Sie haben die Wut aufgegeben. Bestens angepasst bis furchtsam gehen sie vor, immer bedacht, nirgends anzuecken. Ihre emotionalen Schwankungen schlagen höchstens mal in den negativen Bereich aus, sind aber in der Regel schwach ausgeprägt. Energie und Engagement sind nicht (mehr) Ihre Sache.

▸ **Zornkönige**
Sie haben viel Energie, die sie für produktive Veränderung einsetzen. Sie sind selbstbewusst, erforschen mutig die eigenen Schwächen, sind respektvoll gegenüber anderen und treten dennoch sehr entschieden für ihre Sache ein.

Finden wir nun heraus, was die einzelnen Typen (nicht) brauchen.

Vom Umgang mit Tyrannen

Was Tyrannen nicht brauchen

Grundverkehrt ist unsere übliche Reaktion auf die Wutmeister: „Beruhige dich mal. Reg dich ab." Dieser – gut gemeinte – Tipp hilft dem Energiemenschen nicht weiter. Im Gegenteil führt er auf eine ganz falsche Fährte. Die Energie ist ja gerade das Merkmal dieses Typus. Sie ist seine eigentliche Qualität, sein Beitrag zum Ganzen.

Tyrannen richtig verstehen

Tyrannen funktionieren so: Es gibt einen Anlass für ihre Wut. Von diesem Anlass aus führt bei ihnen eine Schnellstraße – ohne Abfahrten – zur Aggression.

Das Problem ist nun nicht der Anlass. Aufgrund ihres erhöhten Energieniveaus nehmen sie Anlässe empfindlicher wahr als andere. Und wenn wir ehrlich sind, finden wir jede Menge Zustände, die jeder Aufregung wert wären.

Das Problem ist auch meistens nicht die Aggression. Sie ist offen und ehrlich und klärt die Verhältnisse. Problematisch ist vielmehr die Schnellstraße, die Tyrannen im Kopf haben: Sie rasen beim geringsten Anlass mit halsbrecherischer Geschwindigkeit zur Aggression. Kurzfristig kann hier eine Art Notbremse helfen – z. B. tief in den Bauch einatmen, anschließend tief ausatmen. Auf lange Sicht müssen sie sich aber grundsätzlich umstellen.

Reflexion und Meditation können hier dazu führen, die Anlässe kennenzulernen und immer mehr zu einem produktiven Handeln zu kommen.

Der erste wichtige Umkehrpunkt im Leben des Tyrannen kann es sein festzustellen, dass nicht die Energie an sich falsch ist. Im Gegenteil: Wer das Leben energisch angeht, bereichert uns alle. Nur sollte das Ergebnis eines Wutausbruchs nicht sein, dass heiße Luft produziert wird, sondern dass die Dinge sich bleibend verändern.

Was Tyrannen brauchen

Machen Sie Tyrannen klar, dass ihre Energie gewünscht ist. Akzeptieren Sie beispielsweise keine Rückzieher nach einem Wutausbruch wie „Entschuldigung, ich war zu heftig, ich sollte mich nicht so aufregen". Sagen Sie darauf beispielsweise: „Aber nein, vielen Dank, dass Sie sich hier so engagiert einbringen."

Akzeptieren Sie keine Rückzieher nach Wutausbrüchen.

Darauf muss die Anleitung zum effektiven Handeln erfolgen. Sagen Sie beispielsweise: „Nun sollten wir auch gemeinsam sehen, wie wir etwas verändern können." Bewusst habe ich hier das Wörtchen „wir" gebraucht: Nur weil ein Energiemensch uns mit seiner Aufregung die Missstände zeigt, muss er nicht selbst und allein die Lösung parat haben.

Leiten Sie Wütende – und ihr Publikum – zum Handeln an.

Bedenken Sie auch, ob die Aufregung des Tyrannen eher in Richtung „Abgrenzung", „Motivation" oder „Kreativität" geht. Regt sich der Tyrann darüber auf, dass andere immer wieder in sein Ressort eingreifen? Dann geht es darum, die Grenzen zu klären. Regt er sich darüber auf, dass eine bestimmte Sache nicht vorangeht? Dann müssen die genauen Ziele bestimmt, Etappenziele abgesteckt und es muss motiviert gehandelt werden. Oder regt er sich auf, weil gar nichts mehr weiterzugehen scheint und keiner eine Idee hat, wie der ganze Schlamassel aufgelöst werden könnte? Dann ist vielleicht ein wenig Verstärkung für diese Negativaussage, also mehr Verzweiflung nötig, damit alle die Chance haben, neue Ideen zu erfinden.

Klären Sie den Anlass der Wut: Geht es um Grenzen, um motiviertes Handeln oder um Kreativität?

In jedem Fall hilft es dem Tyrannen, wenn er die Chance zur persönlichen Entwicklung erhält. Dieses Buch könnte ein Anfang sein. Danach könnten Coaching oder Therapie folgen, die aber unbedingt die positive Seite der Wut als Ausgangspunkt haben müssen. Sonst machen Sie aus einem Tiger einen Bettvorleger. Und damit ist niemandem gedient.

Vom Umgang mit Abgedankten

Was Abgedankte nicht brauchen

Wer selbst eher zu Offenheit und aktivem Handeln neigt, hält das jämmerliche Bild, das Abgedankte manchmal abgeben, kaum aus. Wie Depressive auch machen sie uns wütend. Wir könnten aus der Haut fahren, wenn wir die Energie- und Hoffnungslosigkeit eines Abgedankten erleben müssen. So verständlich dieses aggressive Verhalten ist: Wir handeln damit falsch; wir schaden den Abgedankten und uns selbst.

Abgedankte richtig verstehen

Es gibt Menschen, die seit der Kindheit in die Kategorie der Abgedankten gehören. Sie kommen z. B. aus Familien, in denen Streit tabuisiert wurde. Häufig war dann die in der Familie etablierte Weltsicht allgemein auf ein Mittelmaß geeicht. Alles, was extrem ist, wurde verabscheut. Diese Menschen äußern sich dezent, komme, was wolle. Hier können wir zuhören und die feinen Signale richtig zuordnen. Wir sollten auch die Harmoniesüchtigen zur starken Meinung ermutigen, sie aber nicht dazu drängen.

> **!** Unterscheiden Sie Harmoniefreunde und innerlich Gekündigte.

Eine andere Kategorie sind jene, die innerlich gekündigt haben. Laut Forschungsergebnissen kann die innere Kündigung fast jeden treffen. Außerdem kommt sie nicht von ungefähr, sondern hat konkrete Auslöser. Sehr häufig bewegen sich normale Mitarbeiter in einem mehrstufigen Prozess vom Engagierten zum Abgedankten.

> Zur inneren Kündigung führt ein schleichender, mehrmonatiger Prozess.

▸ Die erste Stufe ist die Frustration im Job. Beispielsweise geben Geschäftsleitung und Führungskräfte kein Vorbild ab, bürokratische Strukturen bremsen ihr Engagement aus, sie werden bei Entscheidungen übergangen, nicht informiert oder gehört.

▸ In der zweiten Stufe engagieren sich viele Mitarbeiter noch mehr, um den Missstand auszuräumen. Sie bringen ihr Anliegen vor und bemühen sich um Abhilfe.

▸ Die dritte Stufe markiert eine Phase, in der sie immer öfter schimpfen.

▸ In der vierten Stufe kommt es sehr häufig zum Vermeiden jeglicher Auseinandersetzung. Sie schließen sich jeweils der Mehrheit an, vermeiden Konflikte, werden zu Jasagern, eigene Vorschläge wie auch Kritik bleiben aus.

Aussage eines Hauptabteilungsleiters

„Ich werde die täglich anfallende Routinearbeit erledigen, mich nicht mehr aufregen, pünktlich erscheinen, vor allem aber pünktlich nach Hause gehen und mich meinem Privatleben, das heißt meiner Familie und meinen Hobbys widmen."

Das Zitat stammt aus einem der ersten Artikel zum Thema innere Kündigung (Reinhard Höhn, Leiter der Akademie der Führungskräfte der Wirtschaft, Bad Harzburg in der FAZ vom 18.01.1982).

Was Abgedankte brauchen

Statt aggressiver Reaktionen brauchen Abgedankte Chefs, die in vielen geduldigen Gesprächen den Kontakt suchen, die den Missständen abhelfen und das Arbeitsklima verbessern. Wird die äußere Situation auf diese Weise Schritt für Schritt günstiger, werden Abgedankte sich zurückmelden.

Gemäß dem Weg, den sie in die innere Kündigung genommen haben, platzen sie dabei auch mal sehr heftig mit Klagen heraus. Nehmen Sie dies als willkommenes Lebenszeichen. Ermutigen Sie die Rückkehr der Energie und kritisieren Sie höchstens beiläufig die Form – die Konzentration muss darauf liegen, die Dinge faktisch zu verändern.

> Begrüßen Sie Schimpfattacken als Lebenszeichen.

Anders verhält sich der Harmoniemensch. Er wird auch mit viel Ermutigung keine aggressiven Worte wählen. Akzeptieren Sie dieses stille, verhaltene Handeln. Unterstützen Sie die nötigen Veränderungen bei der Arbeitsorganisation und im Umgang miteinander, die der Harmoniemensch einklagt.

Einwurf: Was Unternehmen brauchen

Wenn Sie sich die Anlässe ansehen, die Mitarbeiter zu Abgedankten machen, werden Sie feststellen: Hier wird der Alltag in vielen Unternehmen beschrieben. Nicht immer führt dies zur inneren Kündigung. Es gibt zwei andere Möglichkeiten:

▸ faktische Kündigung,

▸ Reduktion des Engagements.

Die faktische Kündigung wird als offensichtliche Veränderung noch am ehesten von den Verantwortlichen gesehen. Obwohl auch die Kosten von Neubesetzungen nicht leicht abzuschätzen sind, kann der monetäre Aspekt hier noch relativ einfach geschätzt werden. Aber die Reduktion des Engagements? Tagtäglich entscheiden sich in deutschen Unternehmen oder in Behörden der Schweiz Mitarbeiter aufgrund einer erlebten Frustration dazu, weniger Engagement an ihrem Arbeitsplatz einzubringen.

Die alltäglichen Entscheidungen, sich geringer zu engagieren, entziehen dem Mitarbeiter den Spaß und dem Unternehmen den Output. Hier führt Frustration noch nicht einmal zur Aggression, sondern sie wird nur noch mit Resignation und Rückzug beantwortet: Man hat die Hoffnung schon aufgegeben.

Wie gesagt: Ich beschreibe hier nicht Menschen, die bereits innerlich gekündigt haben. Vielmehr handelt es sich um den Alltag in den Unternehmen und Organisationen. Es sind ausgerechnet die besten und am meisten engagierten Mitarbeiter, die sensibel auf alltägliche, kleine Missstände reagieren. Diejenigen, die den Unterschied erkennen, die eine Vision haben (oder hatten), die etwas verändern, verbessern wollen. Berührt haben mich im Material meiner Umfrage Rückmeldungen wie diese:

Harmoniesucht

„Ärger und Wut sind sehr ehrliche emotionale Regungen. Wenn man sie auswertet, dann entdeckt man Schwachstellen, wo man mit Optimierung ansetzen kann. Bei uns herrscht Harmoniesucht, was dazu führt, dass Kollegen sich nicht um die Sache streiten. Es wird ständig abgewartet, dass die Führungskraft die Dinge aufgreift und entscheidet."

Angesichts solcher Beschreibungen fand ich erstaunlich, dass sich 58 Prozent der Befragten sehr stark emotional an ihr Unternehmen gebunden fühlten und fast alle anderen zumindest „mäßig". An Loyalität fehlt es den von mir befragten Führungskräften und Personalern sicher nicht – aber wie viel mehr könnten die Unternehmen für ihre Kunden und Mitarbeiter erreichen, würden ihnen die alltäglichen Frustrationen erspart? Jeder Frust führt zu einem kleinen Weniger an Engagement. Ziel müsste es deshalb sein, das Zornkönigtum zu stärken, wo es nur geht.

Vom Umgang mit Zornkönigen

Was Zornkönige nicht brauchen

Zornkönige treffen häufig auf Tyrannen, die im Grunde die Veränderung scheuen. Die Schwäche der Tyrannen trifft also auf die Stärke der Zornkönige. Entweder der Tyrann verändert sich zum Positiven oder der Zornkönig sucht sich ein anderes Betätigungsfeld. Keinesfalls förderlich ist es jedenfalls, wenn der Tyrann den Zornkönig vom effektiven Handeln abhält.

> Zornkönige müssen handeln dürfen. **!**

Und Zornkönige treffen auf Abgedankte, denen energisches Verhalten Angst einjagt. Ein (Berufs-)Leben lang haben sich Abgedankte bemüht, sich ein gemäßigtes, oberflächenoptimiertes Verhalten anzueignen. Sie stehen damit im Einklang mit den Forderungen der Zivilisation, mit dem, was die Gesellschaft belohnt.

Dennoch haben uns gerade Abgedankte in die jetzige, ungünstige Situation gebracht. Auch hier gilt: Zornkönige müssen andere Wege gehen. Zwingen vorgesetzte Abgedankte sie dazu, ebenfalls zurückhaltend zu agieren, führt dies häufig in die Kündigung. Es würde dem Zornkönig die Stärke rauben und der Firma den Zornkönig.

> Werben Sie für die Akzeptanz energischen Verhaltens – solange es zu produktiven Veränderungen führt. **!**

Zornkönige richtig verstehen

Wo Zornkönige auf ihresgleichen treffen, gibt es vielleicht mal Krach, aber es gibt auch immer Ergebnisse. Zornkönige können mit Abgedankten ebenso wenig anfangen wie mit Tyrannen. Sie stört, dass beide nichts Produktives hervorbringen. Während sowohl Abgedankte als auch Tyrannen häufig gern Abgedankte als Untergebene haben, gilt das für Zornkönige nicht.

> Zornkönige leiden unter Abgedankten ebenso wie unter Tyrannen.

Zornkönige suchen den Widerstand, sie suchen Mitarbeiter, die widersprechen, die sich wehren, die sich eine eigene Meinung zutrauen. Sie tolerieren Fehler, aber bestehen im Gegenzug darauf, die Ursachen zu erforschen. Sie haben eine Allergie und kriegen grüne Pickel, wenn Menschen sich vorzugsweise unterordnen, bloß um ihre Ruhe zu haben oder weil sie stolz sind auf ihre Fähigkeit, sich unterzuordnen.

Verlassen Sie sich deshalb darauf, dass Zornkönige einander suchen, weil sie wissen, dass sie gemeinsam viel weiter kommen, als mit den anderen Wuttypen.

> Zornkönige suchen einander, weil sie gemeinsam am meisten bewegen können.

Was Zornkönige brauchen

Zornkönige und Zornköniginnen brauchen, genau wie alle anderen Typen, das Know-how dieses Buches. Wir müssen immer wieder da, wo wir übers Ziel hinausschießen und andere beleidigen, wissen, dass wir uns dafür entschuldigen müssen. Wir müssen verstehen, dass diese Entschuldigung nur akzeptabel ist, wenn sie aus tiefstem Herzen kommt, das heißt, wenn wir die eigenen Abgründe erforscht haben.

Wir müssen immer wieder lernen, dass wir uns zuweilen wie Abgedankte verhalten und Furcht vor der eigenen Meinung haben. Wir müssen lernen, dass unsere Aufgabe ist, andere zum Zornkönigtum zu ermutigen. Wir müssen uns über unseren Weg und unsere Ziele klar werden. Und möge es Ihnen gelingen, Ihre Mitte zu finden und es gelassen zu betrachten, wenn das alles wieder einmal nicht klappt.

Auf den Punkt gebracht

So ermutigen Sie Abgedankte zum Zornkönigtum:

▸ Ermuntern Sie Abgedankte zur Wut und zur eigenen Meinung.

▸ Geben Sie ein Vorbild für energisches aber produktives Handeln.

▸ Suchen Sie den Kontakt zu den Abgedankten. Hören Sie zu, verändern Sie gegebenenfalls die Verhältnisse, die zur inneren Kündigung führten.

So führen Sie Tyrannen zum Zornkönigtum:

▸ Loben Sie die Energie der Tyrannen.

▸ Zeigen Sie ihnen, dass auf einen Wutausbruch die Veränderung der Fakten folgen muss.

▸ Mahnen Sie eine Entschuldigung an, aber klären Sie zugleich die anstehenden sachlichen Veränderungen.

So optimieren Sie das Zornkönigtum:

▸ Loben Sie die Energie, wo Sie sie antreffen.

▸ Ermuntern Sie zur eigenen Meinung.

▸ Akzeptieren Sie Fehler.

▸ Beantworten Sie Wutanfälle mit der Lenkung hin zum produktiven Handeln.

▸ Helfen Sie anderen, ihre Wut zu akzeptieren.

▸ Helfen Sie, motivierte Ziele zu bestimmen und endlich zu handeln.

▸ Ermutigen Sie dazu, klare Grenzen zu setzen.

▸ Erlauben Sie die Verzweiflung, wo es um neue Ideen geht.

▸ Ermahnen Sie andere, diese Ideen allein und passend zu ihrer einzigartigen Persönlichkeit selbst zu finden.

▸ Fördern Sie, wo immer möglich, die kritische Selbsterkenntnis eines jeden.

▸ Akzeptieren Sie gelassen alle Fehler, die Ihnen selbst unterlaufen.

Entlarven Sie Ärgermagnete und bauen Sie Spannung ab

Gallups gigantische Untersuchung

25 Jahre untersuchte Gallup weltweit das Führungsverhalten. Über eine Million Fragebögen wurden ausgewertet. 85.000 Führungskräfte wurden intensiv interviewt, die Aufnahmen wurden abgehört und aufgeschrieben. Über 3.000 Unternehmenseinheiten wurden auf vier wesentliche Output-Faktoren hin untersucht.

Die Forschungsorganisation und Unternehmensberatung Gallup wollte mit diesem gigantischen Aufwand herausfinden, mit welchen Fragen man in ein Unternehmen hineingehen kann, um zuverlässig Stärken und Schwächen herauszufinden. Sie fanden die wichtigsten Ärgermagneten.

Hunderte von Fragen wurden dazu getestet und ausgewählt. Dabei interessierte nicht, welche davon Auskunft darüber geben können, ob die Mitarbeiter zufrieden sind. Hier spielt sicherlich das pure Gehalt eine Rolle, das natürlich gute wie schlechte Mitarbeiter interessiert.

Nein, es ging darum herauszufinden, was ausschließlich die engagierten Mitarbeiter bewegt. Gallup fand zwölf Fragen, die die Spreu vom Weizen trennen. Je positiver diese Fragen beantwortet werden, desto größer ist nachweislich der Unternehmenserfolg in dieser Betriebseinheit:

▸ höhere Produktivität,
▸ höhere Rentabilität,
▸ höhere Kundenzufriedenheit,
▸ niedrigere Mitarbeiterfluktuation.

Die zwölf Fragen können in eine Reihenfolge gebracht werden. Am wichtigsten ist die erste Frage, dann folgt die zweite und so weiter. Interessant ist nun, dass das negative Beantworten der wichtigsten vier Fragen direkt mit dem Grad des Ärgers zusammenhängt.

Anders gesagt: Die erste Frage umschreibt den wichtigsten Ärgermagneten im Unternehmen. Hier gehen die meisten Energien verloren. Die zweite Frage beschreibt den zweit-wichtigsten Ärgermagneten. Hier gehen die zweitmeisten Energien verloren und so weiter.

Erste Frage: Was soll ich hier tun?

Wie sollen wir unsere Aufgaben erfüllen, wenn nicht be-kannt ist, welches die Aufgaben sind? Einem wenig enga-gierten Mitarbeiter ist das vielleicht egal. Er sagt sich, das Geld stimmt – fertig. Aber engagierte Mitarbeiter leiden darunter.

Engagierte Mitarbeiter wollen wissen, was genau ihre Aufgaben sind.

Wie kann es überhaupt passieren, dass Mitarbeiter nicht wissen, was sie tun sollen? Denn beim ersten Hinsehen scheint das doch ganz klar: „Alles, was im Sekretariat an-fällt, erledigen" oder „Kunden zufriedenstellen und Um-satz erhöhen" oder „Abteilung organisieren und das Team motivieren". Stimmt: Oberflächlich gesehen sind die Auf-gaben klar.

Bei näherem Betrachten aber beginnt das Dilemma schon bei den Unternehmenswerten. Davon gibt es eine Vielzahl, denn kaum ein Unternehmen möchte darauf verzichten, zugleich beste Qualität zu liefern, erfolgreich zu wirtschaften, die Kunden zufriedenzustellen und die Mitarbeiter zu fördern. Es spricht ja auch nichts gegen diese vier – und weitere – Ideale. Aber was gilt denn nun, wenn es Konflikte zwischen diesen Zielen gibt? Und die gibt es täglich!

> Unternehmenswerte helfen nur weiter, wenn sie hierarchisiert sind. **!**

In der Regel geben die Visionen hierüber keine Auskunft. Also sind die Chefs gefragt. Aber sind die sich einig? Häufig möchte dieser Chef dieses und jener Chef jenes. Dann gibt es noch Konferenzen, Entwicklungsprogramme, Meetings, Turn-arounds und sonstige Maßnahmen und Entwicklungsziele. Wie oft kommt es vor, dass ein neuer Chef neue Ziele mitbringt und sie als Top-Priorität verordnet – aber die vormaligen Tops schon bald im Alltag versickern? Oder bevor das eine zu Ende gebracht wurde, folgt schon ein anderer Favorit.

> Top-Prioritäten helfen nur weiter, wenn sie bis zur Umsetzung gelten. **!**

Ferner gibt es den ebenfalls alltäglichen Fall, dass in der Firmenphilosophie das eine steht, aber in der Praxis das andere gemacht wird. Bisweilen gibt es auch Chefs, die selbst gegen die Philosophie verstoßen. In dieser Hinsicht haben vermutlich die Manager der amerikanischen AIG den Vogel für 2008 abgeschossen: Die US-Notenbank hatte den Versicherungskonzern im September 2008 mit einer Kapitalspritze von 85 Milliarden Dollar gerettet. Kurz darauf gönnten sich die Manager des Konzerns eine Erholungsreise mit Wellness, Golf und Galamenüs. Kostenpunkt 440.000 Euro. Wie sollen sich dann die Mitarbeiter verhalten? Sparsam?

> Visionen helfen nur weiter, wenn sie täglich gelebt werden.

Prof. Helmut Klein fand in einer Expertenbefragung heraus: 96 Prozent berichteten über – häufige oder ab und zu vorkommende – „Scheinheiligkeit" des Managements (A sagen und B tun) sowie darüber, dass das Wertesystem widersprüchlich gelebt wird.

Ein Klassiker ist auch die Aussage: „Schauen Sie eben, wie es geht." Oder: „Sie müssen das eben hinkriegen!" So verständlich das im Alltag oft ist: Darf man dies noch Selbstverantwortung nennen? Oder ist es doch schlicht das schlechte Führungsverhalten eines Abgedankten?

> Selbstverantwortung kann nur gelebt werden, wenn die Ziele klar und die Mittel vorhanden sind.

Gute Führung wird häufig auf den Punkt gebracht: „Klarheit und Konsequenz". So ist es – und Führung ist angesichts der genannten Fallstricke nicht einfach. Klassischerweise werden Ziele vorgegeben und der Weg kann selbst bestimmt werden. Dazu gehört dann allerdings auch, dass Mitarbeiter unterwegs Fehler machen dürfen und man sie hinterher nicht wegen des eingeschlagenen Weges kritisieren darf. Wenn man diese – wenigen – Sätze in die Realität eines Unternehmens umsetzen will, kann das Jahre dauern – wie die Entwicklung des dm-Drogeriemarktes zeigt.

> Wer von Mitarbeitern bestimmte Leistungen einfordert, muss eine alltagstaugliche Philosophie festlegen und in Zweifelsfällen Position beziehen.

Insgesamt hat es die erste Frage also in sich. Tatsächlich ergab sich in meiner Untersuchung, dass in rund einem Viertel der Unternehmen „häufig" oder „sehr häufig" unklar bleibt, was die Aufgaben sind.

Zweite Frage: Haben Sie die Mittel, die Sie brauchen?

Wenn die Ziele und Aufgaben klar sind, brauchen die Mitarbeiter die Mittel, um diese Aufgaben zu bewältigen. Dazu gehören Werkzeuge, Mitarbeiter, Räume, Etat. Dazu gehören auch ausreichende Befugnisse, rechtzeitige Entscheidungen von oben und Informationen, die für die tägliche Gestaltung der Abläufe wichtig sind.

> In einem Fünftel der befragten Unternehmen sind „häufig" oder „sehr häufig" keine ausreichenden Mittel vorhanden, um die Aufgaben zu erledigen.

Geht man alles durch, was unter die Bereitstellung der nötigen Mittel fällt, zeigt sich, wie fordernd gute Führung ist. Wollen Chefs und Chefinnen dies alles sicherstellen, haben sie allerhand zu tun.

Einfacher ist es da, den oben erwähnten Klassiker zu bemühen: „Schauen Sie, dass Sie es hinkriegen." Doch damit schaffen wir selbst uns zwar den Ärger schnell vom Hals. Aber letztlich delegieren wir ihn nach unten – und dort vermehrt er sich lawinenartig. Persönlicher Nicht-Ärger wird zu strukturellem Ärger. Da dies unter der Oberfläche geschieht, hat dieses Delegieren nach unten schlimme Auswirkungen. Wenn sich dann ein Mitarbeiter offen aufregt, ist es wirklich höchste Zeit zum Handeln. Oft käme bei ehrlicher Betrachtung der Ärgerlawine heraus, dass wir selbst einmal einen Schneeball in die falsche Richtung warfen.

Dritte Frage: Können Sie an Ihrem Arbeitsplatz Ihre Stärken optimal einbringen?

Die Gallup-Frage im Wortlaut: „Habe ich bei der Arbeit jeden Tag die Gelegenheit, das zu tun, was ich am besten kann?"

Wer zwar weiß, was er tun soll, und auch die dafür benötigten Mittel bekommt, aber nicht gemäß seinen Stärken eingesetzt ist, wird sich auf die Dauer ärgern. „Ich bin hier unterfordert" oder „Eigentlich könnte ich xy viel besser", wird er oder sie sich sagen und mit der Zeit immer unzufriedener werden.

Seit Langem ist bekannt, dass die Unterforderung gegenüber der Überforderung das deutlich größere Problem ist.

Sieben von zehn befragten Facharbeitern in Deutschland werden nach einer Untersuchung der Universität Göttingen unterhalb ihres Wissensniveaus eingesetzt.

> Unterforderung ist ein verbreitetes Problem. **!**

Einer der Kniffe, wie das Rhön-Klinikum und andere private Klinikkonsortien insolvente Krankenhäuser wieder rentabel machen, ist die Behebung dieses Mangels. Die Mitarbeiter werden strikt mit den Aufgaben betraut, die ihrer Qualifikation entsprechen (das heißt, dass Ärzte nicht mit Verwaltungsarbeiten beschäftigt werden, die auch ein anderer machen könnte). Dementsprechend kannte ein Assistenzarzt aus einem konventionellen Krankenhaus auf meine Frage nach Ärgernissen nur eine Antwort: „Bürokratie!!!!" (mit vier Ausrufezeichen).

> Befreien Sie die Mitarbeiter von einfachen Aufgaben, die auch andere tun können. **!**

Selbstverwirklichung ist einer der hohen Werte der Menschheit. Selbstbestimmung und Freiheit machen häufig den Unterschied zwischen hoher und niedriger Arbeits- und Lebenszufriedenheit aus. So erklärt sich, dass laut DGB-Index Gute Arbeit von 2007 lediglich zwölf Prozent der Mitarbeiter ihre Arbeitsposition als positiv beurteilen. Aber 96 Prozent der 2008 vom Stern befragten Selbstständigen würden wieder gründen – obwohl die Selbstständigen in der Regel mehr Stunden als Angestellte arbeiten und dennoch häufig mäßig verdienen.

 Mitarbeiter brauchen die Möglichkeit, sich zu entfalten.

Fragen Sie ihre Mitarbeiter, ob sie das tun, was sie am besten tun können. Damit erhöhen Sie die Chancen, dass sie – am richtigen Arbeitsplatz angekommen – zufriedener werden und gerne mehr leisten.

In meiner Untersuchung gaben zwölf Prozent der Befragten an, nicht gemäß ihrer größten Stärken eingesetzt zu sein.

Vierte Frage: Bekommen Sie Anerkennung für Ihre Leistung?

Die Gallup-Frage schränkte den Zeitraum ein: „Habe ich in den letzten sieben Tagen für gute Arbeit Anerkennung und Lob bekommen?"

Anerkennung in der Praxis

Frage: „Wird Ihre Leistung anerkannt?" Antwort: „Ja, ab und zu gibt's einen Scheck. Das hat es aber länger nicht gegeben." Frage: „Und verbale Anerkennung?" Antwort: „Oh, da sieht es ganz schlecht aus."

Auf nochmaliges Nachfragen erfahre ich, dass es keine verbale Anerkennung gibt. Wohlgemerkt, wir reden von einem verantwortlichen Betriebsleiter, der mit seinem Ein-

satz die Kohlen aus dem Feuer holt und mit der Führungs-
spitze dafür sorgt, dass das Unternehmen überhaupt wei-
terexistiert. Einen anderen Fall beschreibt das nächste Beispiel.

Schokoriegel als Ausgleich

*Ein Chef hatte es sich zur Angewohnheit gemacht, ab und
zu morgens durchs Büro zu laufen und Schokoriegel auf
den Schreibtischen zu verteilen. Das sollte wohl ein Ausgleich zu seinen Jähzorn-Anfällen sein, in denen er seine
Mitarbeiter regelmäßig zusammenbrüllte.*

In keiner Form kann das eine das andere ausgleichen. Das
Angebrülltwerden löst heftige, direkte Gefühle aus. Der
Schokoriegel kommt als indirekte Entschuldigung distan-
ziert daher.

Offensichtlich fürchten wir uns vor der Nähe und Verbind-
lichkeit, die direkte Worte mit sich bringen. Stattdessen
wählen wir lieber indirekte Formen der Anerkennung:

▶ Geld: „Ich habe Ihnen diesen Monat mal mehr überwie-
sen."

▶ Privilegien: „Sie können heute mal früher gehen."

▶ Vertraulichkeit: „Ganz ehrlich: Die meisten, die hier arbeiten, haben doch gar nichts drauf."

▶ Sonderaufgaben: „Das schaffen nur Sie (auch noch)."

So gut es gemeint ist: Das alles vermittelt dem Mitarbeiter
weniger Wärme als ein persönliches Gespräch. Indirekte
Wege sind letztlich die Manier der Abgedankten und Tyrannen. Wir scheuen uns hier, selbstbewusst zu agieren.

Wir haben die Furcht, dass ein direktes Lob für erhöhte Ansprüche sorgt. Doch dies ist letztlich unbegründet.

▸ Wenn Ansprüche berechtigt sind, befriedigen Sie sie – es war dann sowieso Zeit dafür. Sehen Sie es als Motivationssicherung für die Zukunft.

▸ Wenn Ansprüche unberechtigt sind, sagen und begründen Sie dies direkt – Sie gewinnen einen Mitarbeiter, der weiß, was er tun muss, um seine Ziele zu erreichen.

▸ Wenn Ansprüche nicht finanzierbar sind, erklären Sie dies – so fördern Sie unternehmerisches Denken.

Auch in meiner Umfrage war die mangelnde Anerkennung ein Hauptkritikpunkt.

> Fast jeder Dritte Befragte fand, dass seine Leistungen „sehr häufig" oder „häufig" zu wenig Anerkennung im Unternehmen finden.

Nutzen Sie das Wut-Kapital Ihres Unternehmens

Hier nun die Darstellung meiner eigenen Untersuchung und der daraus zu ziehenden Schlüsse.

Vorgehen und Stichprobe

Im Herbst 2008 wandte ich mich an Vertreter von rund 3.000 Unternehmen mit der Bitte, einen mehrseitigen

Fragebogen auszufüllen. Ergänzt wurde die schriftliche Befragung durch einige Interviews.

Von den 120 ausgefüllten Bögen aus fast ebenso vielen Unternehmen stammten 59 Prozent von Frauen, 41 Prozent von Männern. Jünger als 31 Jahre waren neun Prozent, älter, aber jünger als 41 Jahre waren 34 Prozent, zwischen 41 und 50 Jahre alt waren 39 Prozent und 19 Prozent älter.

Angesprochen wurden Mitarbeiter mit Führungsverantwortung (55 Prozent) und aus der Personalabteilung mit oder ohne Führungsverantwortung (29 Prozent). 16 Prozent der Bögen kamen von Mitarbeitern, die weder Führungsverantwortung tragen noch in der Personalabteilung arbeiten.

Die Führungskräfte hatten einen bis neun Mitarbeiter (58 Prozent), zehn bis 49 Mitarbeiter (29 Prozent), 50 bis 99 Mitarbeiter (5 Prozent) oder mehr als 100 Mitarbeiter (acht Prozent).

Das Gros der Rückläufer kam aus Deutschland (79 Prozent), aus der Schweiz kamen 15 Prozent, aus Österreich drei Prozent und ebenfalls drei Prozent aus anderen Ländern.

Die Unternehmensgröße war klein (18 Prozent der Unternehmen hatten weniger als 51 Mitarbeiter), mittel (33 Prozent hatten 51 bis 500 Mitarbeiter) oder groß (28 Prozent hatten 501 bis 5.000 Mitarbeiter und 20 Prozent darüber).

Harmonieorientierung

Insgesamt zeigte sich eine deutliche Tendenz zur Harmonie. So stellten 80 Prozent der Unternehmen die Mitarbeiter danach ein, dass sie reibungslos ins Team passen. Auch
innerhalb der Unternehmen wurden die Teams so zusammengestellt, dass sie menschlich harmonieren (76 Prozent).
Weniger als ein Fünftel der Betriebe nutzten die Möglichkeit, über menschlich heterogene Teams die Qualität zu
erhöhen.

Aus fachlichen Gründen lässt es sich nicht immer bewerk-
stelligen, dass man Teams nach Charakter der Mitglieder
bildet. Falls dies jedoch möglich ist, sollte jeder wesentliche
Charakter vertreten sein. Tests legen offen, welche Team-
rolle Mitarbeiter bevorzugt einnehmen. Das Ziel kann man
ähnlich   ausdrücken   wie   folgende   Personalreferentin:
„Möglichst verschiedene Mitarbeiter, die aber dennoch
miteinander klarkommen."

 Stellen Sie Teams menschlich heterogen zusammen.

In lediglich 40 Prozent der Betriebe haben auch Querdenker gute Karrierechancen. In immerhin etwas mehr als der
Hälfte (56 Prozent) werden Mitarbeiter geschätzt, die widersprechen. Meist wird hier wohl konstruktive Kritik gefordert, wie es vielen auch wichtig war zu betonen. In nur
acht Prozent der Unternehmen wird die Auseinandersetzung bewusst gesucht.

Fazit: Die Harmoniesuche überwiegt. Kein Wunder, denn die Nutzung der Wut ist in den meisten Fällen unbekannt. Ärgernisse aber, die einen nicht weiterbringen, sind einfach nur ärgerlich. Daher ist es konsequent, sie zu vermeiden.

Die Konfliktseminare, welche in gut einem Viertel der befragten Unternehmen angeboten werden, bieten keine Hilfe. Bei den über 75 genannten Inhalten geht es um allgemeine Kommunikation oder die Klärung und Befriedung von Konflikten. Wollen Sie mehr tun?

> **Sorgen Sie dafür, dass der Wutnutzen bekannt wird!**

Nur wenn in Ihrem Unternehmen klar ist, wie man produktiv mit Wut umgeht, haben Sie eine Chance, dass die Energie, die in Wut und Ärger steckt, tatsächlich genutzt wird.

Den monetären Gewinn kann man darüber abschätzen, wie viel Zeit die Mitarbeiter damit zubringen, zu klagen oder Klagen anderer zuzuhören. In einer amerikanischen Untersuchung waren es zehn Prozent, in meiner Umfrage im Schnitt elf Prozent der Arbeitszeit (ohne Unterschied zwischen Deutschland und der Schweiz). Noch erheblich mehr Geld fressen strukturelle Defizite, wie ich Ihnen nun zeigen will.

Struktureller Ärger

Wie arbeitet eine Organisation, wenn die Mitarbeiter nicht wissen, was sie tun sollen? Wenn sie nicht die Mittel an die Hand bekommen, um ihre Aufgaben zu erledigen? Wenn sie am falschen Arbeitsplatz eingesetzt sind? Ab und zu kann das vorkommen – keine Frage. Deshalb brauchen uns die 35 bis 56 Prozent, auf die das zutrifft, nicht zu erschrecken. Aber wenn diese Missstände und Führungsfehler „sehr häufig" oder „häufig" vorkommen, sollte es aufrütteln!

Die Zahlen wurden oben schon angedeutet: In 24 Prozent der Fälle wissen die Mitarbeiter häufig oder sehr häufig nicht, was sie tun sollen. In 20 Prozent fehlen ihnen die Mittel für ihre Aufgaben. Außer den bekannten Ärgermagneten konnten die Befragten weitere aufführen. Hier wurden beispielsweise genannt:

▸ „Kein Vertrauen vom Chef",

▸ „Abteilungsdenken",

▸ „mangelnde Organisation der Arbeitsabläufe".

Und auch hier werten wir Fälle, in denen dies „ab und zu" oder gar „selten" oder „sehr selten" vorkommt, nicht als beunruhigend, sondern nur das mindestens „häufige" Vorkommen.

Zählt man die Unternehmen, in denen mindestens ein solches strukturelles Defizit besteht, zusammen, ergibt sich: In fast der Hälfte der Unternehmen gibt es solche erheblichen strukturellen Probleme!

> **!** In 48 Prozent der Unternehmen gibt es erhebliche strukturelle Defizite.

In praktisch allen Fällen regen sich die Mitarbeiter sehr darüber auf. Dabei sind die von mir befragten Personen keineswegs frustrierte Abgedankte, sondern im Gegenteil überdurchschnittlich engagiert und an ihre Unternehmen gebunden. Im Vergleich mit anderen Untersuchungen zur Arbeitszufriedenheit haben die Befragten in sensationell hohen 58 Prozent der Fälle angegeben, dass sie emotional sehr stark an ihr Unternehmen gebunden sind. 34 Prozent fühlten sich „mäßig", nur acht Prozent „sehr gering" gebunden. 92 Prozent erlebten ihre Arbeit als insgesamt sinnvoll oder sehr sinnvoll.

> 58 Prozent sind emotional sehr stark ans Unternehmen gebunden, 92 Prozent erleben ihre Arbeit als insgesamt sinnvoll.

Um hier allein über die strukturellen Defizite zu sprechen, habe ich das verbreitete Thema „Anerkennung" zunächst außen vor gelassen. Ebenso rein menschliche Auseinandersetzungen. In jeweils sechs Prozent der Unternehmen gab es ausschließlich Probleme auf dieser Ebene.

> Hinter dem Ärger der Mitarbeiter stehen häufig strukturelle Defizite der Organisation.

Sieht man sich allerdings an, wie die menschlichen Reibungspunkte beschrieben wurden, dürfte auch hier Handlungsbedarf bestehen. So beobachtete ein Personalleiter „soziale Inkompetenz bei Führungskräften". Eine HR-Managerin wird übergangen („von mir bearbeitete Aufgaben

werden nur mit meinem Vorgesetzten besprochen"). Tä-
tigkeiten werden „abgeschoben" oder „unprofessionelle
Arbeitsweise und Wiederholungsfehler" kommen häufig
vor. Unschön hört sich auch folgende Beschreibung einer
Produktionsleiterin an: „Kollegen regen sich lautstark und
lange über verhältnismäßig unwichtige/kleine Fehler oder
sie störende Verhaltensweisen anderer Kollegen auf, besonders von Kollegen in untergeordneter Funktion." Auch
„ständiges Nörgeln, mangelnder Respekt und Loyalität"
klingt unerfreulich. So weit einige Zitate aus Unternehmen,
bei denen „nur" menschliche Probleme bekannt sind.

In 92 Prozent der Fälle ging die Antwort „nichts" auf die
Frage, was das eigene Unternehmen in der Ärgerverarbeitung besser macht als andere, mit strukturellen Defiziten
der Organisation einher. Offensichtlich optimiert eine gute
Wutkultur das gesamte Unternehmen.

Eine gute Wutkultur optimiert die gesamte Organisation.

Auch Firmen, in denen „Anerkennung" ein Fremdwort ist,
tun sich keinen Gefallen. Natürlich fällt es uns nicht leicht,
bei allem Alltagsgeschäft genügend Anerkennung auszu-
sprechen. Dennoch lohnt es sich: Unternehmen, in denen
lediglich „selten" oder „sehr selten" Leistungen nicht anerkannt werden, weisen auch selten strukturelle Defizite
auf. Wie oben beschrieben: Wirkliche Anerkennung setzt
voraus, dass man sich mit den Leistungen der Mitarbeiter
auseinandersetzt.

Direkter Vorgesetzter

Eine bedeutende Position für die Mitarbeiterzufriedenheit nimmt in den einschlägigen Untersuchungen der direkte Vorgesetzte ein. Wie zeigt sich seine Rolle im Zusammenhang mit Ärger und Wut im Unternehmen?

Zunächst zur Frage: Hängen struktureller Ärger einerseits und die Reaktionen der Chefs gegenüber dem Ärgerausdruck der Mitarbeiter andererseits zusammen? Ja, in fast 70 Prozent der Unternehmen gilt: Wenn strukturelle Defizite vorhanden sind, reagiert der Chef negativ. Gibt es keine Defizite, reagiert er positiv. In 23 Prozent der Fälle dagegen nahm der Chef den Mitarbeiter-Ärger positiv auf („hört aufmerksam zu, fragt nach") und es gab dort zugleich strukturellen Ärger. In lediglich sieben Prozent der Unternehmen reagierte der Chef negativ, ohne dass es zugleich strukturelle Defizite gab.

> Gute Chefs reagieren positiv auf den Ärger ihrer Mitarbeiter. Sie arbeiten in guten Unternehmen.

Das nächste Ergebnis spricht ebenfalls für die Akzeptanz der Wut. Gleichzeitig widerspricht es einer verbreiteten Auffassung. Danach wird vom Vorgesetzten gefordert: Lobe deine Mitarbeiter und akzeptiere ihre Kritik (allerhöchstens) in konstruktiver Form. Beide Regeln gehören zusammen, da sich beide am positiven Denken orientieren.

Anders die Chefs der von mir Befragten. In zusammengenommen 77 Prozent der Fälle sind Chefs, die Leistungen anerkennen, zugleich solche, die Kritik positiv aufnehmen –

und zwar Kritik in jeglicher Form. Beides gehört zusammen, weil es zur direkten menschlichen Begegnung führt. Der Unterschied zwischen gutem und schlechtem Führungsverhalten ist also nicht der zwischen positivem und negativem Denken. Die entscheidende Grenze verläuft stattdessen zwischen direkter menschlicher Begegnung einerseits und menschlich distanziertem und (nur) scheinbar professionellem Verhalten andererseits.

> **Die Anerkennung einer Person setzt die Anerkennung ihres Ärgers voraus.**

Wer Ärger und Wut begrüßt, kann nicht nur die eigene Organisation verbessern. Er akzeptiert auch seine Mitarbeiter in ihrem Beitrag fürs Unternehmen. Dies muss keine humanistische Anwandlung sein, sondern ergibt sich schon aus betriebswirtschaftlicher Notwendigkeit.

Tyrannen und Abgedankte ruinieren Unternehmen

„Die Insolvenzverwalter gehen nach einem Erstgespräch mit dem Inhaber meist direkt eine Etage tiefer. Da stoßen sie auf Mitarbeiter, aus denen die Ideen nur so sprudeln, wie der Firma geholfen werden kann. Nur sind die über Jahre abgeblockt worden."

Diese Aussage stammt von Georg Bitter, dem Leiter des Zentrums für Insolvenz und Sanierung an der Universität Mannheim. Er berichtete in einem Interview über seine Befragung von über 300 professionellen Abwicklern (taz, 7.11.2006).

Ein Beispiel und gerade viel diskutiertes Thema ist das Gesundheitssystem mit seinen wirtschaftlich maroden Krankenhäusern. Seit Jahren zeigen Private, wie es gehen kann. Bei manchen leidet die Güte der Arbeit. Für hohe Qualität bekannt sind dagegen beispielsweise die Helios-Kliniken. Der drittgrößte private Klinik-Konzern in Deutschland hat mittlerweile 61 Häuser und übernimmt regelmäßig neue, die er nach einigen Jahren in die Gewinnzone führt. Der Geschäftsführer, Francesco de Meo, diskutierte in der Talkshow „Nachtcafe" mit Betroffenen und Kollegen (07.11.2008).

Wie ein insolventes Krankenhaus zum Gewinnbringer wird

„Sie müssen die Mitarbeiter gewinnen." Die Mitarbeiter müssen bereit sein, einen Wandel mitzumachen. Wenn sie es sind, gibt es genug Ideen, um aus einem defizitären Krankenhaus einen wirtschaftlichen Gewinnbringer zu machen.

Offenbar hängt ein zunächst scheinbar unlösbares Problem – horrende Anstiege der Gesundheitskosten, alternde Gesellschaft, teure Apparate-Medizin und Medikamente – schlicht damit zusammen, dass man den Ärger von Mitarbeitern nicht ernst nimmt.

Auf den Punkt gebracht

▸ In den meisten Fällen galt: Wenn das Unternehmen bei der Ärgerverarbeitung „nichts" besser machte als andere, wies es strukturelle Defizite auf.

▸ Die rein zwischenmenschlichen Probleme sind bei den Befragten eindeutig in der Minderzahl.

▸ Unternehmen, in denen Leistungen anerkannt werden, weisen selten strukturelle Defizite auf.

▸ Reagiert der direkte Chef auf Ärger positiv, gibt es weniger strukturelle Defizite. Nur in wenigen Unternehmen reagierte der Chef negativ und es war gleichzeitig frei von strukturellen Defiziten.

▸ In gut drei Vierteln der Fälle bestätigt sich: Chefs, die Leistungen anerkennen, sind auch Chefs, die Kritik positiv aufnehmen.

Fertig, los!

Sind Sie startklar? Hier noch einige zugespitzte Unterscheidungen und konkrete Anregungen.

So macht Wut Sinn!

Persönliche Wut und struktureller Ärger

Im Kapitel „Wut im Wandel" wurde beschrieben, dass das Gehirn des wütenden Menschen einen bedeutsamen Unterschied zwischen Ist und Soll erkennt.

Diese Bewertung entstammt dem einzelnen Gehirn, das unabhängig und im Falle der Wut gegenläufig zur bestehenden Organisation funktioniert. Mit anderen Worten: Was der Einzelne hier wütend einfordert, ist nicht mehr und nicht weniger als der persönliche Beitrag dieses Mitarbeiters zur Organisation.

Um diesen Gedanken ganz klar zu fassen, noch einmal von der anderen Seite her beschrieben: Dort, wo Mitarbeiter ihre Arbeit ruhig erledigen, bestätigen sie die Organisation so, wie sie ist. Wo sie sich dagegen aufregen, vertreten sie eine Gegenposition. Gemeinhin wird dies als Auflehnen gegen die Organisation angesehen. Nicht zuletzt die hier ausgewertete Untersuchung bestätigt aber, dass es sich dabei keineswegs um private Eitelkeiten handelt. Meistens ist es struktureller Ärger, der die Einzelperson antreibt.

Struktureller Ärger

Struktureller Ärger ist der Ärger engagierter Mitarbeiter, die eine verbesserte Organisation anstreben, in der sie selbst und andere mehr leisten können und sich zufriedener fühlen.

Die Systemtheorie unterstreicht diese Rolle der Mitarbeiter-Wut. Das System kann danach aus sich selbst heraus nicht erkennen, wann es sich der Wirklichkeit anpassen muss. Die Aufregung des Einzelnen stört den normalen Betrieb und ist notwendig, um ihn zu verbessern. Nur dadurch bleibt das System lebensfähig.

Fazit: Unternehmen müssen Störungen beachten, sonst sind sie dem Untergang geweiht.

Erkennen Sie in der vielleicht unangenehmen Wut Ihrer Mitarbeiter den strukturellen Ärger und leiten Sie entsprechende Veränderungen ein.

Konstruktive Kritik

Wer darauf besteht, dass die Kritik konstruktiv sein muss, tappt letztlich in die Harmoniefalle. Sicher ist nichts dagegen zu sagen, wenn Menschen ihre Meinung in angenehmer Verpackung präsentieren und vielleicht sogar einen Lösungsvorschlag mitbringen. Daher wird dies fast überall positiv gesehen – und unterscheidet damit kaum gute von schlechten Unternehmen.

Schwierig wird es, wenn die Devise lautet: Kritik muss unbedingt konstruktiv sein! Damit schließen wir den Frust aus, der einfach heraus muss. Machen Sie sich bitte ganz klar: Die Bedeutung einer Nachricht liegt nicht an ihrer Verpackung. Wer zu sehr auf korrekter Form besteht, verhindert spontane und emotionale Äußerungen überhaupt.

> Entscheidend ist, dass Ärger ausgedrückt wird – die Form ist dabei weniger wichtig.

Für den Wert der Kritik selbst ist es auch völlig egal, wie angesehen ein Mitarbeiter im Unternehmen ist und wie gut die Beiträge sind, die er letztlich leistet. Häufig gilt: Von denen, die die Form am wenigsten beherrschen, können wir am meisten lernen. Es ist eine herbe Art, zu Erkenntnissen zukommen. Aber wem gehobene Umgangsformen eigen sind, der relativiert, entschuldigt, differenziert. Bis diese angenehmen Menschen deutlich werden, ist es oft schon zu spät. Die Unangenehmen fallen dagegen frühzeitig über kleine Schwächen und Defizite her. Wie ein besonders empfindliches Messinstrument reagieren sie früher und stärker als andere.

> Von den unangenehmsten Menschen kann man häufig am meisten lernen.

Bedenken Sie: Was Sie aus der Wut des anderen machen, ist entscheidend. Ausfallend zu werden, ist kein Indiz dafür, Leistungsträger zu sein – meistens trifft eher das Gegenteil zu. Die Leistung liegt darin, aus der ausfallenden Äußerung die richtigen, konstruktiven Schlüsse zu ziehen.

Gerade aus überschießend präsentierter Kritik können selbstbewusste Adressaten zukunftsweisende Erkenntnisse ziehen.

Change-Prozesse und Ärger-Psychologie

Gängige Instrumente des Change-Managements gehen ähnlich vor, wie hier schon beschrieben wurde, beispielsweise die Engpass-Theorie (theory of constraints) nach Goldratt oder das Total Quality Management und der kontinuierliche Verbesserungsprozess (Kaizen). Gehen Sie dem Ärger nach, verändern Sie die Ärgerquelle, gehen Sie wieder dem Ärger nach etc.

Ärger im Callcenter

Die Kunden eines Callcenters ärgern sich darüber, dass sie zu lange in der Warteschleife verbringen. Die Leitung gibt daher die Anweisung heraus, dass ein eingehender Anruf nach spätestens zwanzig Sekunden entgegengenommen werden muss. Beim nächsten Ärger-Check stellt sich heraus, dass die Kunden nun über allzu schnell beendete Gespräche erzürnt sind. Die Mitarbeiter stört, dass sie durch die neue Regel gezwungen werden, laufende Gespräche schnell zu beenden.

So führen Ärger-Checks zur kontinuierlichen Verbesserung. Ich möchte jedoch keineswegs behaupten, dass das ein anderen überlegenes Werkzeug ist. Ich halte es aber für einen Kunstfehler, in der Veränderung auf begleitende Ärger-Checks zu verzichten. Wer im Durcharbeiten der

Veränderungsschritte steckt, ignoriert den Groll der Mitarbeiter leicht. Dies ist verständlich – klug ist es nicht.

> Nutzen Sie Ärger-Checks bei jedem Change-Vorgang als Korrektiv.

„Wow"-Trainings oder Wutkultur

Auf dem Markt für Weiterbildung gibt es einen deutlichen Kontrast. Auf der einen Seite stehen die berühmten Motivations- und Erfolgstrainings, für die gerade die bekanntesten und teuersten Trainer stehen. Ich nenne sie zusammenfassend „Wow"-Trainings. Dagegen stelle ich eine neue „Wutkultur". Ich will beides kurz beschreiben.

„Wow"-Trainer haben eine Aura, die sie mit zum Training bringen: die Aura der Erfolgreichen. Sie müssen Entschlossenheit und Witz gleichermaßen ausstrahlen. Die Menschen, die sie trainieren, müssen begeistert sein. Sie müssen für die Dauer des Trainings in eine andere Sphäre des Bewusstseins gebracht werden. „Wow"-Trainer sind scheinbar Experten für Psychologie, aber meistens keine Psychologen – denn zu viel Wissen über die Widerständigkeit des Menschen gegen Veränderung schadet der eigenen Illusionskraft. Sie sagen Sätze wie „Wenn Ihr Job Sie nervt, kündigen Sie."

Wenn „Wow"-Trainer gut arbeiten, lassen sie so viel Begeisterung zurück, dass die Mannschaft mehr erreicht, als sie zu träumen wagte. Wenn sie schlecht arbeiten, lassen sie Gescheiterte zurück, die im ersten Anflug des Gefühls „ich kann alles" ihren Job oder ihre Partnerschaft aufkündigen und dann ohne alles dastehen – zumal das Gefühl der unbegrenzten Machbarkeit schnell verflogen ist.

Die Wutkultur beinhaltet zweierlei: Einerseits das Knowhow vom richtigen Umgang mit der Wut. Dies können alle – unabhängig von der allgemeinen Unternehmenskultur – nutzen. Andererseits weiß sie, dass hinter der persönlichen Aufregung meistens der strukturelle Ärger verborgen liegt. Die persönlichen Emotionen der Mitarbeiter ernst zu nehmen heißt dann, die Strukturen zu verbessern.

Bei jedem Wutanfall dringen außerdem sehr persönliche, unbewusste Inhalte an die Oberfläche. Sie zu akzeptieren und sich damit auseinanderzusetzen, verändert die Kultur des Umgangs miteinander. Zusammengefasst:

„Wow"-Training

▸ verändert Verhalten,

▸ wirkt kurzfristig,

▸ verändert die Oberfläche,

▸ erhöht die Begeisterung,

▸ ist positiv,

▸ verändert Bewertungen,

▸ poliert den Schein.

Wutkultur

▸ verändert Handeln,

▸ wirkt langfristig,

▸ verändert Strukturen,

▸ erhöht das Engagement,

▸ ist ehrlich,

▸ verändert das Denken,

▸ verändert das Sein.

Sie möchten beides kombinieren? Das wird schwierig! Ein öffentlich bekanntes Beispiel für eine Kombination eines „Wow"-Trainers mit einem, der Strukturen verändert, scheint Jürgen Klinsmann zu sein. Als er die Aufgabe als Cheftrainer der Fußballnationalmannschaft übernahm, hatten schon viele Kandidaten abgesagt. Es war klar, dass der DFB bis zur Weltmeisterschaft mit Klinsmann zusammenarbeiten musste. Was heraus kam, ist das deutsche Sommermärchen.

Klinsmanns Sommermärchen

Im Film „Deutschland. Ein Sommermärchen" sieht man Jürgen Klinsmann als Trainer begeisternde Motivationsansprachen halten. Zuvor hatte er viele alte Strukturen im Deutschen Fußballbund aufgebrochen. Er stieß auf Widerstand, aber biss sich durch. Er blieb Trainer, weil die Alternative fehlte.

Das Modell Klinsmann hat wohl nur dadurch funktioniert, dass er Strukturen bei den einen (im Verband) veränderte und die anderen (Spieler) motivierte. Hätten zudem die anderen Kandidaten zuvor nicht abgesagt und hätte die wichtige Weltmeisterschaft im eigenen Land nicht bevorgestanden, hätten die Verantwortlichen die strukturellen Veränderungen wohl kaum akzeptiert.

Es gibt Situationen, in denen man entweder positiv oder ehrlich ist – und die sind keineswegs selten. Sie nehmen entweder den strukturellen Ärger ins Visier oder verzichten darauf. „Wow"-Trainer bewirken rasche Begeisterung, aber Veränderungen brauchen Zeit. Je mehr „Wow", desto weniger werden Ehrlichkeit geschätzt und struktureller Ärger genutzt. Sie müssen sich entscheiden.

Sinn und Ärger

Die Frage des Sinns ist ein heute viel diskutiertes Thema. Die Umwandlung der Wut hält eine eigene Antwort bereit. Wenn Sie als Einzelperson in Ihrem individuellen Beitrag zu Ihrer Organisation gehört werden, erleben Sie Ihre Arbeit als sinnvoll. Andernfalls nicht.

Ihr individueller Beitrag entsteht, wenn Sie ehrlich erzürnt sind. Das ist die Störung, die Sie zum Unternehmen beitragen. Wenn Sie sich dagegen in die gewöhnlichen Abläufe fügen, bleibt Ihre persönliche Note bescheidener.

Mit etwas Glück arbeiten Sie bereits an einem Platz, an dem Sie Ihren Ärger äußern, der auch zu Veränderungen führt, sodass Sie sich kaum mehr ärgern müssen. Einen solchen Arbeitsplatz wünsche ich Ihnen! Und wenn Ihr Team ähnlich aufgestellt ist, werden Sie überdurchschnittlich erfolgreich sein!

Eine Gesellschaft mit glatter Oberfläche

Die Unternehmen sind ein Spiegelbild der Gesellschaft. „Die großmundigen Erklärungen der Leiter entsprechen in keiner Weise der Realität" – so beschreibt ein frustrierter Mitarbeiter seine Situation in der Umfrage. Zu beachten ist die Spannung zwischen Oberfläche und Realität, die hier ausgedrückt wird. Auch die folgende Beschreibung einer Personalmanagerin läuft auf diese Spannung hinaus.

Harmonische Fassade

„Zu wenig Freiraum, zu wenig Verantwortung, keine klare Zielsetzung/Strategie, Vorgesetzte mischen sich in operative Details ein, zu stark ausgeprägte Harmoniekultur, Konflikte werden nicht angesprochen, notwendige harte Entscheidungen vermieden."

Mit anderen Worten: Nichts stimmt, außer der harmonischen Fassade. Die Aussage ist typisch für unsere Zeit, in der sehr viel an den jeweiligen Oberflächen gearbeitet wird. Vom Milchprodukt, das eine neue Verpackung, aber weniger Inhalt erhält, bis zu den allgegenwärtigen Pressesprechern und Medienberatern. Der Spiegel 47/2008 resümiert das Verhältnis zwischen Papier und realen Werten: Das Volumen der Kreditausfallversicherungen stieg in wenigen Jahren auf 57 Billionen US-Dollar. Es handelt sich dabei um reine Finanzprodukte, hinter denen in circa 40 Prozent der Fälle faule Kredite stehen. Das im Vorjahr weltweit erzeugte Bruttoinlandsprodukt beträgt dagegen nur 54 Billionen US-Dollar.

Kehren wir zurück zum Konkreten. Die folgende Aussage einer Führungskraft gibt ein präzises Bild eines Unternehmens ab:

Angst vor Konflikten

„Es gibt zu wenig Konsequenzen gegenüber den Mitarbeitern, wenn Ärgernisse/Minderleistung/schlechte Information (auch z. B. verspätete/fehlende AU-Meldungen) vorlie-

> *gen. Hierdurch werden die bisher noch motivierten Mitar-*
> *beiter demotiviert, haben keine Lust mehr und die, die es*
> *bisher schon schleifen ließen, gehen ‚straffrei' aus."*

Mit anderen Worten: Hier herrschen Angst vor Konflikten
und Ausweichverhalten. Typisch für Abgedankte. Die Führungskraft eines anderen Großunternehmens drückt die
private Rolle einiger Kollegen so aus:

Oberflächenpolitur

> *„Profilierungssucht von Einzelpersonen, die karrieregeil sind*
> *und nicht die Sache im Blick haben."*

Offensichtlich wird dort die Oberflächenpolitur honoriert,
sonst würde sie nicht betrieben. Die Umfrage ergibt insgesamt ein sehr gutes Bild von Unternehmen, die hervorragend funktionieren, und solchen, die engagierte Mitarbeiter frustrieren, weil struktureller Ärger wuchert. Das Gegenstück ist seltener zu finden. Ein schönes Beispiel
stammt aber auch aus der Umfrage:

Offener Umgang mit Konflikten

> *„Bei uns wird Wert auf ‚Verschiedenheit' gelegt und daraus*
> *resultieren nun mal Konflikte. Es wird offen gesprochen*
> *und sachlich diskutiert."*

So beschreibt es ein Manager im Vertriebsinnendienst. Und
er kommt aus einem Unternehmen, das keinen strukturellen Ärger aufweist. Das leistet Wutkultur.

Konkrete Schritte zur Organisationsentwicklung

Schon im bisherigen Text fanden Sie zahlreiche praktische Tipps. Hier nun weitere konkrete Schritte für Ihre Organisationsentwicklung.

Gallup arbeitete heraus, dass die üblichen, jährlichen Mitarbeitergespräche auf einen vierteljährlichen Turnus verdichtet werden sollten. Kombinieren Sie diese Gespräche mit den Ärger-Checks (eventuell mit dem Betriebsrat abzustimmen). Nur so kommen Feedback – Anpassung an die Organisation – und Wutkultur – Weiterentwicklung der Organisation – zusammen.

> Kombinieren Sie vierteljährliche Mitarbeitergespräche mit Ärger-Checks.

Haben Sie eine Beschwerdestelle? Hervorragend! Bauen Sie diese nach der Idee der Wutkultur um. Künftig sollten Beschwerden sehr aktiv eingefordert und positiv bewertet werden. Sorgen Sie dafür, dass ein Bewusstsein für die produktive Kraft der Ärgernisse entsteht. Stellen Sie sicher, dass wichtige Ärgermagneten aktiv angegangen werden. Haben Sie keine solche Stelle? Schaffen Sie eine! Lassen Sie direkt berichten.

> Bauen Sie Ihre Beschwerdestelle gemäß der Wutkultur um.

Erstellen Sie einen Fragebogen, in dem Sie die Mitarbeiter nach aktuellen Ärgerquellen fragen. Nehmen Sie die Fragen nach den strukturellen Defiziten auf. Erheben Sie, ob die Mitarbeiter mit ihrem Ärger auf offene Ohren stoßen und ob sie ihren Ärger überhaupt im Betrieb äußern. Bewerten Sie Ihre Zahlen im Vergleich mit den oben beschriebenen Ergebnissen.

Erheben Sie Ärgernisse mit einem Fragebogen. Nutzen Sie die hier dargestellten Ergebnisse zum Vergleich.

Offensichtlich besteht ein erheblicher Informationsbedarf zur Wut in unseren Unternehmen. Nur wenn insbesondere die Führungskräfte Wege kennen, Wut in positive Energie umzuwandeln, können sie das Potenzial ihres Unternehmens nutzen.

Machen Sie den Wutnutzen in Ihrem Unternehmen bekannt.

So wird es Ihnen gelingen, sich selbst, Ihrem Team und Ihrer Organisation eine sinnvolle, erfüllende und erfolgreiche Arbeit und Zukunft zu schaffen.

Auf den Punkt gebracht

▸ Die Wut des Einzelnen ist die Störung für die Organisation.

▸ Wer Kritik nur in einer konstruktiven Variante akzeptiert, schwächt ihren Nutzen.

▸ Ausfallend zu werden ist keine Leistung, aber Ausraster erlauben die frühzeitige Veränderung der Organisation.

▸ „Wow"-Trainings erreichen kurzfristige Begeisterung, Politur der Oberfläche und positive Stimmung.

▸ Wutkultur akzeptiert Menschen mitsamt ihren persönlichen Emotionen und bekämpft strukturellen Ärger.

▸ Kombinieren Sie vierteljährliche Mitarbeitergespräche mit Ärger-Checks.

▸ Bauen Sie Ihre Beschwerdestelle gemäß der Wutkultur um.

▸ Erheben Sie Ärgernisse mit einem Fragebogen. Nutzen Sie die hier dargestellten Ergebnisse zum Vergleich.

▸ Machen Sie den Wutnutzen in Ihrem Unternehmen bekannt

Wenn Sie allein nicht weiterkommen: Rufen Sie mich gerne an. Telefon 07032 795309. Oder schicken Sie eine E-Mail an cb@burger-training.de. Weitere Informationen finden Sie unter www.burger-training.de.

Der Autor

Christoph Burger ist selbständiger Diplompsychologe, Projektleiter und Vortragsredner. Als Trainer und Coach beseitigt er strukturellen Ärger in Unternehmen und wandelt Unzufriedenheit in Engagement. Privatpersonen unterstützt er darin, ihren Groll positiv zu verarbeiten und sich aus ungünstigen Berufssituationen heraus zu entwickeln.

Impressum:

Verlag C. H. Beck im Internet: www.beck.de
ISBN: 978-3-406-58557-9
© 2009 Verlag C. H. Beck oHG
Wilhelmstraße 9, 80801 München

Lektorat und DTP: Text+Design Jutta Cram, 86157 Augsburg,
www.textplusdesign.de
Umschlaggestaltung: Ralph Zimmermann - Bureau Parapluie,
85238 Petershausen
Umschlagbild: iStockphoto © Gerville Hall
Druck und Bindung: Druckerei C. H. Beck, Nördlingen
(Adresse wie Verlag)

Gedruckt auf säurefreiem, alterungsbeständigem Papier
(hergestellt aus chlorfrei gebleichtem Zellstoff)